JN008622

武相荘、おしゃれ語り

牧山桂子

小学館

はじめに

普段着の私

私が二十代の初めの頃だったと思いますが、父がロンドンに連れて行ってくれた事がありました。

現代とは違い、自由に諸外国と行き来が出来る時代ではなく、ロンドンに行くなどという事は、私にとっては宇宙に行くのと同じような感じでした。

ロンドンでは父の友人の家に滞在しておりましたが、父は毎日何処《どこ》かへ出かけて行きました。その間は、その父の友人が様々なところへ連れて行ってくれ、楽しい毎日でした。

そんなある日、それまで夜は一緒に過ごしていた父が、誰とかに招待されたとか言い、出かけて行った事がありました。

父の友人は置いてきぼりの私を不憫《ふびん》に思ったのか「お前のおやじは、まだあんなくだらない奴らと付き合っていやがる。我々はもっと楽しい夜を過ごそう」と言って、日本から来た小娘でも知っていた有名なレストランにディナーに行こうと誘ってくれました。

私は「しめた！」と思いましたが、着て行くものはともかく、きちんとしたレストランで食事などした事がありませんでしたので、どうなる事かと不安が湧き上がってきました。

夜になり、持ってきた中で一番いい洋服を着てロールスロイスに乗せられて、シンデレラのような気持ちでレストランに到着しました。

ドアボーイがうやうやしく車のドアを開け、降り立って玄関を入ってみると、聞きしにまさる素晴らしい光景が目の前に広がっていました。

忙しく、しかし優雅に客席の間を回るウェイター達や、ドレスアップした人達、私の目はまん丸だったと思います。

あちこちのテーブルでは人々が楽しそうに会話をしながら、あたかもカトラリーでダンスを踊っているがごとく、優雅なマナーで食事を楽しんでいました。

父の友人は何やら私のためにもお料理を注文してくれ、私の前にもピカピカのカトラリーがセットされました。それを見た私は、どのように使って食べたらよいのだろうかという不安に襲われました。同時に、明らかに何処の国から来たのかわからないような、マナー知らずの女の子を連れてきた父の友人が、恥をかくのではないかとも思いました。

私の不安を目ざとく悟った彼は笑って「何も気にしないで、好きなように食べなさい。きちんとした食事の仕方は万国共通」と言ってくれました。

「食事の仕方を非難されたら、それはあなたのおやじの責任さ」と言って、片目をつぶりました。

その言葉ですっかり気をよくした私は、父がよくアメリカ人のようだと言っていた、右手のナイフで切って、フォークを右手に持ち替えて、気持ちよく食事を楽しみました。誰もそんな私に目を留める事もありませんでした。

「私がもし人を不愉快にさせるように行儀が悪かったら、そんな私を育てたおやじのせいだって」と、夜帰ってきた父に言いますと、「あのやろう！」とうれしそうに、にやっと笑いました。

長い間の気の合う友人どうしの間柄が想像出来ました。

ロンドンに行く前のこと、相変わらず何も教えてくれない母でしたので、何かの本に〝ロンドンでは女性は昼間には帽子を被《かぶ》る〟と載っていたのを思い出して、あれこれ帽子の本を見たり、着物はどれを持っていこうかなどと自分なりに支度をする私を見て、父が「帽子も着物もいらん」と言いました。

わけを聞きますと、「帽子など被った事もなく、着物もほとんど着た事もないのに、初めて行く国で何故《なぜ》そのようなものを着るのだ」と言われました。言われてみればそのとおりで、帽子も着物も持っていきませんでした。

考えてみれば、レストランの食事のマナーと同じで、知らない事を知ったかぶりするよりも、普段から着慣れているものを着ていたほうが、周りの人の共感を得られると思いました。その事は数十年経った今でも、私が着るものや食べるものを選ぶ時にとても役に立っています。

知ったかぶりは醜いです。

夏

秋

冬

冬から半年間も花を咲かせてくれることから、白洲正子さんもこよなく愛した椿は、武相荘で最も多い花木。
白侘助《しろわびすけ》の花を切る桂子さんは、〝ザ・ノース・フェイス〟のアウターに、武相荘オリジナルのグレースエットをインナーに。

11　トレンチコートは、かつてジャン=ポール・ゴルチエとイトーヨーカドーがコラボした〝セットプルミエ〟のもの。
写真では見えないが、中に着ているのは〝ミッソーニ〟。スカーフは〝エルメス〟、パンプスは〝ジョルジオ アルマーニ〟。

〝サンローラン〟のライダースジャケットに合わせているイヤリングとネックレスは、数十年前のこれもまた〝サンローラン〟。
ボリュームとインパクトのあるデザインが、黒を喪の装いに見せないためにも活躍しているのだそう。

13　隣接している自宅から武相荘に〝出勤〟する時は、清潔感のあるカジュアルを心がけているという。ニットとパンツという動きやすい着こなしの場合も、〝45R〟のニットの赤に合わせ、赤系の柄の〝サンローラン〟のストールを。

ざっくりと編まれた〝ジョルジオ アルマーニ〟のセーターに、グレーのジーンズを合わせてラフに。バンダナを巻いて、首の後ろを隠す工夫も忘れずに。武相荘の「レストラン&カフェ」にて、愛用の『リトルマーティン』で弾き語りを。

武相荘の散策路付近には、東京都内とは思えないほどの豊かな緑が広がっている。パンツは〝アニエスベー〟、白のブルゾンは〝45R〟、カットソーは〝ジョルジオ アルマーニ〟。白と黒のコントラストが、夏の日差しによく映える。

春

母、白洲正子が植えた紅梅、父、白洲次郎が植えた桜、
他にも多くの花が咲き誇る
武相荘の春を、飾らない装いで楽しむ——

桂子さんのイヤリングは、〝ヴァン クリーフ＆アーペル〟の『ローズ ド ノエル』。一九七〇年代から作り続けられている名品ジュエリーは、マザー オブ パールのピュアな光沢が魅力。

「アグレアーブル」な装い

いつの日からか、私は目に入る物、聞こえる音などが自分にとって快い時に、心の中で「アグレアーブル」とつぶやくようになりました。アグレアーブルという言葉は英語やフランス語にもあるようですが、いつ私の中に入ってきたのかは定かではありません。よく、幼い子供の記憶の中に自然に入ってきて自分だけに意味を持ち、本来の言葉の意味とは違った意味になっている言葉と同じようなものだというふうに思っています。

私にも幼かった頃、想像の世界で作り出した、困った時や悲しい時に出てきて助けてくれる〝小人ちゃん〟というものがいました。そのような話は人に話しても信じてもらえないのではないかと思い、誰にも話した事がありませんでした。

それが唯一の例外が出来ました。ずいぶん前に亡くなった父には、大学時代からのイギリス人の親友がいました。彼は父とよく友達でいられると思うほど正反対の人間で、物静かで穏やかな人でした。私にはいつもやさしく接してくれ、一緒にいるとそれこそアグレアーブルな気分になれたものです。そんな彼に、今まで誰にも話した事がなかった〝小人ちゃん〟の事を話したのは、彼だったら理解してくれるような気がしたのです。

一部始終を聞いた彼は驚きもせず、自分には〝オスカー〟がいると言うのです。私のつたない英語の理解力でわかった事は、オスカーとは妖精のようなもののようでした。時々は彼のところに来て左の肩に座っていて、困った時には相談にのってくれるらしいのです。

オスカーから聞いたと言って、まさかと思うようなとんでもない話もしてくれました。それは彼と私の父の次郎は前世から友達で、少年時代に二人で泳いでいたペルシャの海でおぼれ、死の間際に、「生まれ変わったら来世で必ず会おう」と約束したのでまた会えたというのです。その話を聞いた時は自然に、ああそうなんだ、と思いました。

そのような話をしてくれる彼に会う度に、今オスカーは何処《どこ》にいるだとか、何か言っているかと聞くようになりました。その度にオスカーは「お前のおやじは酒を呑《の》みすぎだ」と言っているなどと答えてくれました。

彼は父より先に亡くなりましたが、その時の父の落胆ぶりははっきりと記憶に残っています。またオスカーが来世で会わせてくれるかもしれません。

洋服が消耗品ではなかった時代

今ではご存じない方も多いでしょうが、昭和二十年の終戦後は敗戦国の日本は経済的にも豊かではなく、今の日本のようになんでも買えるという時代ではありませんでした。当時は世界的にも、プレタポルテ（多分フランスあたりが発祥だと思いますが）といって登場してきた既製服は勿論《もちろん》なく、私の母の年代の人達は西洋の雑誌などを見て布地を探し、洋裁店（死語ですね）で注文するのが主流でした。また戦前から着る機会もなく、箪笥《たんす》の中に眠っていた和服をリフォームする方もいらっしゃいました。不思議な事に私個人の意見ですが、現代の着物のリフォームは何か悲壮感が漂っていて素敵なものを見た事がありませんが、当時振袖をリフォームした素晴らしいロングドレスなども見た思い出があります。着物のクオリティーもありましょうが、現代より衣服を大事に考えていたように思えます。

物がなかったためでしょうか、洋服は消耗品ではなく、長い間大事にされていました。私もそのような事態を見て育ったせいでしょうか、皆さんが生まれる前からの洋服でいまだに着ている物もあります。

母は茶色、私は紺色系統の人間です

人には色彩の好みがあって、大雑把《おおざっぱ》に分けると茶色系統と紺色系統に分かれているように思えます。もちろんその他の系統もありますが、何故《なぜ》そのように断言するかといいますと、私には姉妹がおりませんので、我が家の女性は母と二人です。母は茶色系統人間で私は紺色系統人間です。これから見ましても、幼い時から親が子供に選んだ色彩で好みが決まると思えませんので不思議です。世間の母子は洋服の共有などなさっているようですが、我が家の場合にはお互いの持ち物が気に入らず、そのような事は殆《ほとん》どありませんでした。

私も茶色系統にふらふらとなびく事がありますが、装飾品の色が合わず苦労する次第《しだい》です。最近では素敵だなと思っても、間口が広がり収拾がつかなくなるとわかっていますので殆ど手を出しません。亡くなった母の洋服は茶色系統が多く殆ど着られません。

素敵な人を見かけるとアグレアーブルに

どなたでもそうでしょうが、気に入らないコーディネイトで外出してしまった時は気分が盛り上がらないものです。逆に自分が満足できるコーディネイトの時はウキウキして、それこそアグレアーブルな気分です。

あくまでも私の主観ですが、外出した時に行き交う人達を眺めていると、殆ど素敵な人を見かけることはありません。調和も考えず色もちぐはぐで、ただその物を気に入って、ただ着たり履いたり持ったりしているとしか思えません。個々はよくても合わせ方で台無しです。かなりハイクラスと思われる方などでもそうです。価格が高ければよいというものでもありません。ものがあまりなかった時代のほうが素敵な装いの方が多かったように思えます。手に入らないものが多かった分、真剣だったのかもしれません。

　素敵な人を見かけるとアグレアーブルな気分に浸れます。精神的にも豊かなのだろうな、などとその人の私生活まで想像して楽しくなります。気に入って買った物でも身につける機会のなかったのを、登場させるヒントを得られる事もあります。

　人間はお互いにわかり合えるまでにはある程度の時間がかかります。すべての人とわかり合うというのは不可能ですので、そのきっかけとなるのはやはり外観しかありません。今の時代、裸でいるわけにもいきませんので、人様に嫌な印象を与えないのをまた、アグレアーブルな装いというのでしょう。

　板前さんやコックさんなどの職人さんの仕事着姿が好きです。スポーツ選手のユニフォーム姿も好きです。種々の職業の働く人々の、働くための仕事着姿が好きです。私のような半分専業主婦は働く時にどうしましょうか。

　笑い話の範疇《はんちゅう》ですが、私の友人が若い頃スキーに行きインストラクターと親しくなり、東京に帰って会ってみたらがっかりしたと聞いた事があります。

　勝手な事を書きましたが、私を見かけて妙な恰好《かっこう》をした女だと感じた方は、どうぞお許しを！


耳たぶに沿うデザインが気に入っているというイヤーカフは、〝ジョージ ジェンセン〟の物。〝ジョルジオ アルマーニ〟のシルバー系のジャケットに合わせて。

ブランドについて思う事

ブランドってなんでしょうか。ウィキペディアを見てみますと、何やら難しい事が書いてあり、最後のほうに〝高級品や一流品などを示す意味で使われる〟とあります。

誰が見ても長い間優れた技術で作り続けられていたり、見るからに美しいものがブランド品と認められる事になるのでしょうが、別に採用試験があるわけでもなく、議員さんのように選挙で決まるものでもありません。はっきりとした基準があるわけでもありません。

私の記憶では日本でブランドという言葉が市民権を得たのは、そんなに昔の事ではないような気がいたします。欧米にブランドという言葉があるかどうか知りませんが、私のつたない知識では、欧米で高級な注文服を作るオートクチュールのメゾンが、忙しくなってきた世の中に合わせるように何度も仮縫いに通わなくてすむ、プレタポルテといわれる買ったその場で持って帰れるという意味であろう既製服を売り出しました。それまでオートクチュールに手が出なかった階級も気軽に手に入れられるようになったために、高級既製服やそれに付随するバッグなどの品々を〝これは高級品ですぞ〟そのあたりのものとは違います〟という意味で自然発生した言葉ではないかと思われます。

若かりし母のパリでの体験

私が母から聞いた話（真偽の程は明らかではありませんが）によると、彼女が若かった一九二〇年代の終わりから一九三〇年にかけてのパリでは、オートクチュールには手が出ないけれど、素敵な洋服を着たいという彼女のような人達のために、裏の世界の仕立て屋さんがいたそうです。

母がどんな知り合いにそのようなところに連れて行ってもらったのか知るよしもありませんが、驚いた事に、彼女達はオートクチュールのメゾンで実際に縫子さんとして働いている人達で、メゾンでの地位によって第一バーさん、第二バーさんというふうにランク付けされていて、ランクごとに価格が違い、母が連れて行かれたのは第一バーさんの自宅でした。

第一バーさんの自宅に着きますと、部屋中に布が溢《あふ》れかえっていてミシンなどもあり、二、三人の若い縫子さんまでいたそうです。手書きのスタイル画を何枚か見せられて、「今回のコレクションで自分が作れるのはこれだけです」と言われて二、三選び、旅行者だと告げますと、何やら縫子さん達と相談をした結果、なんと仮縫いを一度して、三日程で完成したそうです。裏の仕事にしては、あまりにもコソコソしたところがないので「不思議だった」と母は言っておりました。

多分、メゾンのデザイナーはある程度、彼女達の副業を知っていたのでしょう。でもそのような事で、自分達のメゾンの素晴らしいインテリアやしゃれた会話や雰囲気に守られている権威が失墜するなど、思ってもみない自信に満ち溢《あふ》れています。

現代ではこんな事は許されないのでしょうが、当時のおおらかであった時代が偲ばれる話で、私の大好きな話です。バブル期の日本にフランスからオートクチュールがやって来た時も、「パリにいた第一バーさんのような人はいないのかしら」と母は盛んに言っておりましたが、そのような便利なバーさんは影も形もありませんでした。

彼女が第一バーさんとよく話が通じたと思って聞いてみますと、少女時代の後半をアメリカで過ごした母には、学校でラテン語の授業があり、ラテン系の言語であるフランス語は「色々言ってみたら通じた」とすましたものでした。アメリカの教育と彼女の図々しさを羨ましく思ったのを覚えています。私には真似出来ません。

反面教師の母に教わった事

以前、週刊誌にある著名な作家の方が〝自分は親も貧乏で何も親から貰《もら》ったものはないと思っていたが、最近年を重ねてみると、父親にうるさく言われたお辞儀《じぎ》や正座のしかたを褒められるようになり、親から教わった無形の事を有難《ありがた》いと思うようになった〟と書いておられましたが、私も年を取って同じような事を思うようになりました。

それはまたおっかさんの事で恐縮ですが、私にとってはずっと反面教師の母でした。彼女は私の事などほったらかしで、自分の仕事や趣味に没頭しているような人でした。色々な事を相談出来たり、学校の行事などに顔を出すよそのお母さんを羨ましく思っていました。「素敵なお母さまね」などと言われると、腹が立ったのを覚えています。また私がいじめられたりしても、そんな事は自分で解決しな、という態度でした。

彼女は自分の興味がある事には貪欲で、その興味は留まるところを知らず、でした。骨董や着物、筆記用具や便箋、それこそ衣服やバッグなどのブランド品と、枚挙にいとまがありませんでした。面白い事に彼女の中ではすべてのものが同列で、ランク付けは自分の中にあるようでした。

洋服ですとオートクチュールや〝エルメス〟なども大好きでしたが、道端で売っているようなセーターやボロ市で売っているようなずた袋や布なども好んで買ってきました。その場でごみ箱行きにしたいような物も数多くありました。私が買ってきた物でも駄々《だだ》っ子のように「欲しい」と言ってきかない事さえありました。骨董や焼物なども同じようで、私の夫が焼いた器を「一つあげる」などと言われると、まるで数百万円の物を選ぶように真剣でした。しかし不思議な事に、彼女は自分の上限の価格もわかっているようでした。

私は母とはまったく正反対の人間で、彼女のように飽くなき探求心で勉強したりする事は大嫌いで、穴倉のようなところで寝ているのが性に合っています。その上、郊外の鶴川で猿のように育ちましたので、自分の分はわかっているつもりでおります。

しかし最近、前述の高名な作家の方と同じように、何も貰っていないと思っていた反面教師だった母に、教わった事があるのではないかと思うようになりました。

私もブランドショップに行きますし、大好きですが、自分の中の好き嫌いがブランドより優先します。腹立たしいですが、明らかに母が私の中に遺していったものです。

最近、ブランドショップに行きますと、以前に比べブランド名に頼って、デザインや縫製がおろそかになり、価格ばかりブランドになっているところも見受けられます。そのようなものは数回着てみると欠点が露出するので、二度と行きません。最近も悲しい思いをいたしました。そのような製品こそ、今、流行《はや》りの買い取りのインターネットショップで高額な値段がつきます。自分が着たくないのに人様にお譲りするのはいかがなものかと思いますが、私の若い頃がそうであったように、デザインが気に入れば着にくさは我慢して着て下さると信じて、良心の呵責《かしゃく》に耐えております次第《しだい》です。

考えてみると人間も同じ事で、その人のバックグラウンドや職業、自分に損か得かなどを抜きにして、品物と一緒にしては申し訳ありませんが、その人の本当の姿が見えるように努力したいと思います。人間に対するセレブという言葉と洋服や品物に対するブランド

〝UNIQLO〟のGジャンとレースのセットアップに合わせるのは、夫君である牧《まき》山圭男《やまよしお》さんの海外土産という〝シャネル〟のバッグ。そんなミックスコーディネイトが、大人の女性ならでは。

とは、同義語のような気さえしてまいりました。
自分が選んだものこそが自分のブランドで、その人だけの心の中にあります。自分で選んだ友達こそが、自分に対するセレブです。金持ちでも有名人でもありません。

ＯｖｅｒｄｒｅｓｓとＵｎｄｅｒｄｒｅｓｓ

新渡戸稲造《にとべいなぞう》などの先駆者のおかげで専門書の多くが邦訳され、ノーベル賞を受賞する程の研究などを、自国語のみで成し遂げうる日本語は、世界でもあまり類を見ない素晴らしい言語だそうです。その優れた日本語をもってしても、凡人の私はＯｖｅｒｄｒｅｓｓ（オーバードレス）とＵｎｄｅｒｄｒｅｓｓ（アンダードレス）を、なんと訳したらよいのかわかりません。もっとも私の英語や日本語の知識など知れたものですが……。語学や音楽など、長い間続けたり、努力したりするのは嫌いではないのですが、あるところまで行くと目の前に高い壁が立ちはだかり、どうしても越える事が出来なくなります。それが持って生まれた才能という事なのでしょう。最近では、その壁の前で楽しく暮らす事にしています。

私の想像ですが、一時代前の日本は階級社会でもあり、現代ほど様々な場面もなかったことから、オーバードレスもアンダードレスも自然に身に付いていたのではないでしょうか。また、現代は殆《ほとん》どの人が洋服です。着物しか着ていなかった時代は、洋服ほど種類や用途が煩雑ではなく、その場面や季節によって着る着物が決まっていたように思えます。

オーバードレスとアンダードレスとは

以前は何かのパーティーや会食などの時に、参列者の中で昼間なのに夜のような服装をしているのがオーバードレスで、夜なのに帽子を被《かぶ》ったりしているのがアンダードレスだと思っておりました。

家の中に一人でいる時は裸でいようと何を着ていようと自由ですが、パーティーや会食でなくとも一歩外に出ると、近所への買い物などでも、きらびやかなオーバードレスや、海岸にいるようなショートパンツ姿のアンダードレスという事態が起こりうると思います。友達と二人だけで会う時も、いつものその人の事などを思い出して、その人より華美にならないようにしたいものです。

今の世の中では、男性が屋内でも帽子を被っています。女性も昼夜を問わずストローハットを被っています。私達の年齢の人間には気になるところです。そういう私も二十代の初めにロンドンで、パンツ姿に帽子なしで父とお茶を飲もうとして、断られた事がありました。今となってはあの時のボーイさん（と言うにはあまりにも威厳に満ちていましたが）が、「帽子がないだけならともかく、女性のズボンなどとんでもない」と言った気持ちがわかるような年齢になりました。流行というものは変わっていくものなのでしょう。今時、昼間お茶を飲みに行くのに、当時のような、鳥と卵の入った巣が付いた帽子を被っている人は、さすがにロンドンでも見当たらないでしょう。皇室の方々ぐらいでしょうか。

ドレスコードさえも
超越する魅力

不思議な事に、衣服だけ見れば絶対にアンダードレスなのに、アンダードレスに見られない何かを持っている人がいます。

一つの例ですが、オードリー・ヘップバーンが『麗しのサブリナ』という映画で当時としては珍しいショートカットにして、今で言うところのレギンスパンツにフラットのシューズ（当時はサブリナシューズと言っていました）を履き、世界中の流行になった事がありました。彼女はそのスタイルで、その映画の試写会でしたか何かの賞の記念パーティーに登場したそうです。

ファッション雑誌の『ヴォーグ』か何かの編集長が、その時の衝撃を〝きらびやかなイブニングドレスの中で、一点の星のように輝いていた〟と綴っていました。それを読んで、

夏の夜のドレスアップなどに着ることが多いという〝ミッソーニ〟のトップスとカーディガン、ストールに、ジーンズを合わせて。クリアなビーズが刺繍《ししゅう》されているなど、様々な白が織りなす表情が、オールホワイトをドラマティックに盛り上げて。武相荘の「レストラン&カフェ」にて。

ファッション界に長く君臨していた女性をも感激させた、その場が見えるようでした。オーバードレスなのに、オーバードレスに見えない例を見た事があります。

もう何十年も前ですが、今でも時々マスコミに登場するカトリーヌ・ドゥヌーヴが、出演映画の宣伝か何かで来日した事があります。その際の歓迎パーティーか試写会の時の事です。その頃の日本は今のようにものが豊かな時代ではなく、夜ではありましたが、参列者は皆様、普通のスーツなどの普段着という感じでした。そこにカトリーヌ・ドゥヌーヴは、目の覚めるような銀色に輝くイブニングドレスに、真っ白な毛皮の大きなストールを纏《まと》って登場しました。

絵に描いたようなオーバードレスでしたが、彼女が次々と参加者と交流し始めると、不思議な事に、彼女そのものだけが群衆の中で浮き彫りにされていき、銀色に輝くイブニングドレスも真っ白な毛皮のストールも視界から消えていきました。魔法でも見ているような気持ちでした。彼女達の人を魅了する何かが、オーバードレスもアンダードレスも超越したのでしょう。

心地よくあるためにしていること

私にはそのような力量は備わっておりませんので、何度となく失敗を繰り返してきました。若い時に、出席者がきらびやかに着飾っている中で、一人だけ時代に取り残されたような気持ちになった事など何度もあります。

今から思いますと、若い時は自分がどんな洋服や色が似合うのか、またどんなヘアースタイルが欠点を隠してくれるのかまったくわからず、また自分の経済力に見合わない高価なものを、ただ自分が好きだからというだけで選んでいた結果だと思います。

惨《みじ》めな気持ちを味わった後は必ず自分の気持ちを挽回しようと、後先も考えず逆に頑張り、着飾り過ぎて恥ずかしかった事もしばしばです。私としては、着飾り過ぎのほうが、事後の落ち込みが激しいように思えます。このような経験から、同席者よりほんのちょっとアンダードレス気味なのが居心地がよく、そのように心がけています。

常に自分が心地よくいたいので、何かの集まりでオーバードレスやアンダードレスにならないために着るものに迷った時は、あまりデザインのない洋服に、種々のアクセサリーやストール、靴などを持って出かけて行く事にしています。今の世の中は、アクセサリー、ストールや靴など、それだけでガラッと魔法のように変身できるものがたくさん揃っています。「しまった」と思った途端にトイレなどで脱いだり、履いたり、つけたり取ったりしています。誰も私の事など見ちゃいませんが、自分は心地よく過ごせます。結局は自分のためですね。自然に洋服もあまりデザインのないものを選ぶようになりました。特にワンピースなどはデザインのあるものに心は動きますが、厳禁です。何度も着られません。

以前、さる高級ブランドの妖精のようにきれいなワンピースを召した方が、ある集まりにいらっしゃいました。それは素敵でしたが、しばし遅れてみえた方が、なんと同じワンピースをお召しだったのです。その時のお二人の顔が、今でも目に浮かびます。

洋服ではありませんが、私も同じ失敗をした事があります。長い海外転勤から戻ってみえたご夫婦が、夜ご飯に招待して下さいました。物資があまり潤沢に手に入らない地域へのご転勤でしたので、手土産に、その頃凝《こ》っていたローストビーフを焼いてお持ちしました。すると、なんとそちらのお宅のお食事もローストビーフでした。あの時の気まずさは、いまだに忘れる事が出来ません。それ以来、よそのお宅にお邪魔する時には、決して食品はお持ちしない事にしました。まったく関係のない二つの出来事ですが、私にとっては同じように思えてなりません。

最近、男の子の学生服や女の子のセーラー服をあまり見かけませんが、両方ともオーバードレスでもアンダードレスでもなく、どんな場合にも着て行かれるものだと思いますので、見かけなくなったのが残念です。

似合わないものを知りましょう

偉そうな事を言っておりますが、私などは自分の似合わないものが漠然とわかってきたのは、最近の事です。

若かった頃に、内心、私が〝魔女〟と呼んでいた、私の着ているものや交友関係などを痛烈に批判する人がいました。その人に何か言われるのが嫌さに、無難な色やスタイルを選んでいた私ですが、時が経つにつれ、私も図々しくなり、人の顔色ばかりうかがうのが嫌になり、なんとでも言えと開き直り、〝魔女〟の呪縛から逃れる事が出来ました。

しかしその頃の後遺症でしょうか、今でも人様の視線が気になる時があります。たくさんの人々の注目を浴びる有名人はともかく、人がどのような装いをしていても「知ったこっちゃない」と思うのですが、自分の想像では似合うと思っていたものが、実際は全然似合っていなかったりすると、気分まで落ち込んでしまいます。

コンサートに出かけたある日の装い

先日こんな事がありました。毎年暮れに各地で開催される、ベートーベン『第九』のコンサートに誘って下さった方がありました（『第九』のコンサートは世界中で開催されているものですが、日本ではNHKホールだけで開催されるのだと、恥ずかしながら思っておりました）。大人数のコーラスが圧倒的で、元気の出るような迫力ぶりが毎年報道される度に、一度は行ってみたいと思っておりました私は、大喜びで出かける事にいたしました。

私は音楽にはまったく不調法《ぶちょうほう》で、母が子供の時から様々なコンサートや舞台などに連れて行ってくれた努力も空しく、居眠りの場所のように思っておりました。責任転嫁のようですが、「居眠りの出来る音楽や舞台は素晴らしいのよ」と、母は折に触れ言っておりました。娘に「寝るな」と言うと、私という運転手がいなくなるのを恐れたようでございます。

母はコンサートやお能などに行く時には、その雰囲気に合うような装いをするのを楽しんでいるのが見て取れました。装いどころか、すべてを貪欲に楽しもうとする彼女らしく、そのあとの食事なども、「あの舞台と天ぷらは合わない」とか言い出す始末でした。私も多少、彼女の影響を受けたらしく、『第九』なら何を着て行こうかなど頭の中で考えて、いそいそと出かけて行きました。

会場に着いて観客の皆様を見てみると、まず、私のちょいオーバードレス気味が大失敗で、その上、私には似合わないと決めていて、決してしてはいけないミスを犯していたのです。

私はロングコートには、スカートか細いパンツしか着ません。何故《なぜ》と問われると困るのですが、要するに似合わないのです。それをどうした事か、コートの下に着るものばかりをごちゃごちゃ考えているうちに、普通の幅のパンツをはいてしまったのです。電車に乗ってから気が付いたのですが、もうどうしようもなく、素晴らしいコーラスを聴いても、楽しさは半減してしまいました。「よし、次回は」と思いましたが、大変な人気のプラチナチケットらしく、次回は希望薄です。

コートとちょい幅広パンツのように、私に似合わないパターンは数えきれない程いくつもありますが、そのような事は犯罪でもなく、人様に嫌な思いをさせるような事でもなく、ただ自分が楽しく過ごすためだけの事ですが、私にとっては心地よく暮らすための大事な事なのです。

色彩も、その色自体は大好きでも、衣服になるとどうにもしっくりこない色があります。どうしてもその色が着たい時は、Tシャツなどで我慢しています。好きな色やスタイルが、イコール似合うものなら問題ないのですが、そうではないから困ってしまいます。

父と母が海外で見知った富豪のいでたち

母から聞いた話ですが、彼女が十代の頃にアメリカの学校に行っていた時に、お世話になった彼女の父親の友人の家での事です。

その家に時々訪ねて来る大富豪の女性が、いつも同じ洋服を着ていらっしゃったそうです。母は「大富豪なのに、一枚しか洋服を持っていないのかしら」と不思議に思って父親の友人に尋ねてみますと、彼女は昼の服とか夜の服とか四、五種類の服を、季節ごとに、同じ形で何着も持っていたそうです。多分、彼女はその服の色や形が一番自分に似合うという確信のもとに、そのようにしていたのでしょう。

父にも同じような話を聞いた事があります。父の知り合いのやはり富豪のイギリス人が、同じように、いつも同じ服を着ているのを不思議に思って尋ねてみますと、彼が笑って案内して見せてくれたクローゼットには、やはり同じ布で同じスタイルの何種類かの洋服がずらりと並んでいたそうです。洋服ばかりか、ワイシャツから靴まで同じ型の物が並んでいたそうです。嘘のような本当の話です。

二人の共通点は大富豪という事ですが、私が思いますのには、なんでも買えると思うとどこかばかばかしくなって、同じ物でいいや、という気持ちになるのではないでしょうか。羨ましいような、寂しいような、でもちょっと理解できるような気もします。

その点、着物は洋服のように、様々なデザインというものはあまりありません。着物が似合わないという人もあまり聞いた事がありません。着物のほうが似合う方はたくさんいらっしゃいます。洋服姿になると別人になってしまわれる方も何人もいらっしゃいます。逆に洋服姿が素敵な方で、着物を着ると別人になってしまわれる方にはお目にかかった事がありません。着物の寛大な包容力のようなものを感じます。サイズもアバウトで、少しぐらい太ったって、体形を巧みに隠してくれるなどよいところだらけですが、現代の社会生活に合わないためでしょうか、だんだん特殊な衣服になりつつあるのは寂しい限りです。私なども「よし着るぞ！」という決心がいります。私の母などもあんなに好きで愛していた着物を、晩年は殆《ほとん》ど袖を通す事はなくなりました。彼女は私などと違って「さあ着物を着るぞ」という決心も何もなく着ておりましたのに、何故だろうと思いました。理由を聞いてみたいと思いましたが、洋服姿もそれほど変でもなく、触れてはいけないような気がして聞かずじまいでした。

　私は専門家ではありませんが、似合わないメイクというのにも気を付けたいものです。特にアイメイクには気を付けたいと思います。なんでもかんでも目を大きく見せるというのは、ちょっと違うように思えます。まつ毛のエクステやつけまつ毛の全盛時代ですが、何かに驚いたようになっている目や、不自然に長いまつ毛など、明らかに似合わない目というのを時々見かけます。皺に深く入り込んでいたり、首とあまりにも色が違うファンデーションなども、気を付けたいものです。

ボトムズは〝ギャップ〟のレギンスに〝コール ハーン〟の靴という着こなし。武相荘に〝出勤〟する日などのカジュアルな装いも、グレイッシュなトーンで統一して、清潔感と知性を感じさせるのが桂子さんらしいスタイル。

色あせない〝シャネル〟のスーツ

ファッションの事は詳しく知りませんが、シャネルスーツというように、デザイナーの名前がついているスーツは、他にはないのではないでしょうか。

私の記憶では、現代のように、世界中のブティックの洋服が日本で買える時代ではなかった一九五〇年代頃より、私の母の年代の女性は、外国の『ジャルダン デ モード』や『ハーパース バザー』などのファッション雑誌に出ているデザイナーの洋服を、街の洋服屋さんに頼んで仕立ててもらっていました。

母はアメリカの学校から、十代のくせに、父親に出した手紙にコートの絵を描いて、父親におねだりする程の筋金入りのファッション好きでありましたのが、戦争のために封印されてしまいました。

彼女は、「どんな時にでも楽しみを見つける事が出来るのが自分の特技だ」とよく自慢しておりましたがそのとおりで、食料の不足していた終戦直後は、ファッションを楽しむかわりに、着物と食料を交換する事に没頭したそうです。

夕方、自転車に積みきれないほどの食料を獲得して帰ってきて、その釣果《ちょうか》を並べてみるのが「夜の楽しみだった」と、よく話してくれました。大きい声では言えませんが、その話をする時には、詐欺師が詐欺に成功した時にはこのようであろうと思えるような自画自賛の笑みが、彼女の顔に満ち溢《あふ》れておりました。

話はそれてしまいましたが、ガブリエル・シャネルと二十七歳違いのファッション好きの母が、〝シャネル〟の事を知らないわけはなかったと思うのですが、彼女の口から〝シャネル〟という言葉が出たのを聞いた事がありません。私の想像ですが、プレタポルテなどなかった当時は高額で手が出なかったので、興味のないふりをしていたのでしょう。

私が〝シャネル〟を知ったのは、六〇年代だったと思います。盛んにファッション雑誌などに〝シャネル〟という字が躍り始め、東京にちらほらとデザイナーが経営するブティックが出来始め、盛んに注文服の〝シャネル〟のコピーを作り始めました。

それ、とばかりに二着ほど注文しました。丁度《ちょうど》その頃、父がヨーロッパに連れて行ってくれるというので、そのスーツを持っていきました。初めて行ったパリでも〝シャネル〟のスーツは大流行《おおはや》りで、そこら中のブティックにコピーシャネルが溢れていました。あんなにコピーを作られて、知らん顔をしている〝シャネル〟の自信は素晴らしいものだと思いました。しかし自分のジャパン・シャネルは何かが違うと思って、だんだん袖を通す機会がなくなりました。

パリで出会った印象深い〝シャネル〟のスーツ

それから数年後の事です。たまたま夫のパリ出張に同行した時の事です。滞在中にパリ在住の知人が亡くなられた事がありました。彼女は日本のファッション界に、多大な功績

二十年来、愛用しているという〝シャネル〟のスーツは、白地に、白と黒がミックスしたブレード付き。インに着ている黒のノースリーブニットも、このスーツに合わせるために一緒に購入したものだそう。足元は〝ジョルジオ アルマーニ〟のパンプス。靴やバッグは、ブレードやインナーに合わせて黒を選択。白のスーツが引き締まって。

のあった方で、弔問にはマスコミに登場するような方達が多数いらっしゃいました。

突然一人のシャネルスーツのフランス人の女性が目に入りました。彼女の表情は悲しみに溢れていましたが、その〝シャネル〟のスーツは明らかにオートクチュール製か本当の〝シャネル〟のブティックのもので、私の偽シャネルとは明らかに違う気品に溢れたスーツでした。益々、自分の偽シャネルには袖を通すのが嫌になりました。

もう一つびっくりした事は、そのスーツの色が弔問にはふさわしくないようなショッキングピンクだった事でした。黒一色の参列者ばかりの日本とは違い、グレーやチェックなど様々な色は目につきましたが、驚いた事にそのショッキングピンクのスーツを見て、びっくりするような参列者は私だけのようでした。各自の考えを大事にするという事なのか、と納得しました。

翌日の墓地の焼き場にも、彼女は同じスタイルで現れました。人づてに耳にしたところ、彼女は亡くなられた方の親友で、故人が大好きだったスーツでお別れに来た、という事のようでした。「これで最後なのよ」と参列者に涙を流しながら、言って歩く彼女が印象的でした。先に逝ってしまった親友を送るための、心を込めた装いだったのでしょう。

一連のセレモニーが終わって外に出ますと、既に夕方の気配がしていました。静寂を破って、突然メガホンを通して、聞きなれた日本語のアナウンスが聞こえてきました。何を言っているのだろうと聞いていますと、どうやら日本の団体の墓地巡りのツアーらしく、

「これがかの有名な歌手のイヴ・モンタンのお墓でございます」などと旗を立てて大声で説明しながら、ぞろぞろと連なって墓地を練り歩いているのです。墓参に来ていた人達は眉をひそめ、厳粛な雰囲気はかき消えてしまいました。

私の〝シャネル〟のスーツは二十年来の愛用品

パリで目にした〝シャネル〟の素晴らしいスーツと、自分のうわべだけを真似した、えせシャネルの落差の衝撃から、長い間抜け出す事が出来ませんでした。

そのうちに、東京にも〝シャネル〟のブティックが出来始めましたが、あの時のトラウマでしょうか、訪れる事を躊躇《ちゅうちょ》していました。その〝シャネル〟のブティックが、とうの昔に、着物と食料品の交換の楽しみから脱却していた母の目に留まりました。その母の尻馬に乗って、トラウマを忘れ、ブティックを訪れるのは楽しい時間でした。

しかし母には、〝シャネル〟を着るには、致命的な欠陥がありました。本人も気が付いていたと思いますが、襟のない洋服は（原因はわかりませんが）似合わないのです。それでも、いかにも〝シャネル〟らしいトゥウィード調の襟のあるスーツと、これまた〝シャネル〟ならではの金ボタンの付いた黒いコートとワンピースのセットアップを購入してきました。

しかしやはり本来の、襟なしの縁にブレードのスーツには手を出しませんでした。本来の襟なしスーツが着られなかったためでしょうか、または〝シャネル〟の女性的なところが気に入らなかったのでしょうか、あっという間に〝サンローラン〟に鞍替えし、せっかく手に入れたスーツとセットアップも、数回袖を通しただけで、いまだに武相荘の洋服簞笥《だんす》に眠っています。

母の尻馬に乗ったおかげで、えせシャネルのトラウマから脱却した私は、いつかオートクチュールでなくとも、本当の〝シャネル〟を着てみたいと思うようになりました。

その日は突然訪れました。シーズンの終わりにお値引きのスーツが出たのです。お値引きといっても、決して安いお値段ではありませんでしたが、それを逃したら、一生着られるチャンスはないように思え、思い切って購入したのが、44ページの写真のスーツです。そのスーツですが、二十年は経っていると思いますが、既に命が宿っているようにさえ思え、いまだに元気で活躍してくれています。ジャケットに黒のパンツを合わせるのが、最近のお気に入りです。

シャネルスーツという呼び名が現れたのは、いつの頃からか知りませんが、〝シャネル〟のスーツではなくて、シャネルスーツというところがすごいと思います。同じような呼称は私のつたない知識では、デザイナーではありませんが、イギリスの競馬場の名にちなんだアスコットタイぐらいしか思いあたりません。

〝好きなもの〟と〝生まれつき〟

遅ればせながら、やっと最近になって気が付いたのですが、誰にでも努力や意志の力では変えたくても変えられない、〝生まれつき〟というものがあるような気がします。

自分の将来やすべての事が、自分の努力と意志でねじ伏せる事が出来るように思えた若い時には、私はまったくそのような現実に気が付きませんでした。

最近記憶をたどって思い出した些細《ささい》な一例ですが、私がファッションに興味を抱き始めた頃には、現代のような十代向きのファッション雑誌は、すべてアメリカからの輸入でした。その頃の私の記憶では『セブンティーン』というファッション雑誌があり、おとぎの国から来たようなモデルの少女達の写真が、数多く掲載されていました。

そのモデルの少女達のきれいなウエーブのヘアースタイルがとても美しく、羨ましいと同時に自分でも真似したいと思い、カーラーで巻いて寝られぬ夜を過ごしたりしましたが、なかなか柔らかい髪質の彼女達のようにはいきません。やはりパーマが必要だという結論に達しました。

その頃、赤坂に、ムッシュウと呼ばれていたフランス人と美容師の日本人の奥さんが経営していた「サロン ド ボーテ」という美容院がありました。時々その美容院を訪れた母について行き、待っている間に美容院に置いてあったフランスのヘアースタイルの雑誌を見ながら、ムッシュウがたどたどしい日本語で、私のお相手をしてくれる時間は、まだ見ぬ西洋を垣間見るような楽しい時間でした。

とうとう私は渋る母を説き伏せて、学校の夏休みの間に「サロン ド ボーテ」で初めてのパーマをかける許可を取り付けました。前の晩は大人への第一歩を踏み出すような気がして、よく眠れなかったのを覚えています。

ところが、私の髪質は直毛といってよいほど（性格とは違い）まっすぐで、そのためだったのでしょうか、いくら時間をかけてもウエーブがつきません。長時間の後に憧れのお姫様のような縦ロール（死語でしょうか）が完成し、とてもうれしかったのを覚えています。

さすがに現代の美容技術は進歩していて、どのような髪質でもパーマがかかりにくいなどという事はないと思いますが、まっすぐでいたいという自然の摂理に逆らっているからでしょうか、私の髪の毛は他の方達より、すぐパーマがのびてしまいます。そのような事にはまったく気が付かずに、流行《はや》りのヘアースタイルに次々チャレンジしておりましたが、浮世絵に描かれている女性が、マリー・アントワネットのようなヘアースタイルをしているような、何かそこはかとない違和感を覚えておりました。

だんだん時が経ち、モデルの松本弘子《まつもとひろこ》さんなどが〝ピエール・カルダン〟に登用されたりし始め、パーマなしでは考えられなかったヘアースタイルに変化が生じ、まっすぐな髪質にもスポットライトが当たるようになりました。

ロングヘアーにすると、右サイドがはねてしまうような髪の毛のくせもあり、やっと長い間の暗いトンネルを通り抜け、私の髪質に合ったショートヘアーのパーマなしに落ち着きました。髪質やくせに逆らわないというのは、なんと居心地がよいものでしょうか。長い時間を無駄にしたと思います。

時々見かける光景ですが、女優さんの写真や、ファッション雑誌を持って美容院に行き、「このようにして下さい」とお願いするのは、よい考えとは思えません。自分の髪質やくせなどを知らないと、私の二の舞です。自分の好みと、生まれつき持っている長所や短所は違うものです。美容師さん達は、お客様の髪質では希望のヘアースタイルに合わないと思っても、なかなか口には出せないものだと思います。

母がヘアースタイルに見せた情熱

まったくこれらの事には無関係ですが、大人になりかけていた私が、自分の母親の気質を初めて知る事になった出来事を思い出しました。

私の記憶するかぎり、多分、私と同じような理由でたどり着いた彼女のヘアースタイルは、前髪をたらしたショートでした。私の目から見ても、額の広い彼女にはよく似合っていると思っていました。それが突然、前髪はそのままに、髪を伸ばし始めました。「何故《なぜ》？」と問う私に、彼女は曖昧《あいまい》な笑いを浮かべるだけでした。

その謎が解ける日がやってきました。ある日、既にロングヘアーになっていた彼女は、いそいそと東京へと出かけて行きました。凱旋将軍《がいせんしょうぐん》のように意気揚々と帰ってきた彼女を見て、曖昧な笑みを浮かべて教えてくれなかったその疑問が、一気に氷解しました。彼女は襟足近くに、長く伸びた髪を束ね、髷《まげ》にしていましたが、その髷にはきれいな珠のついた簪《かんざし》が見て取れました。骨董屋さんで見つけた簪をさしたいばっかりに、彼女は髪を伸ばし始めたのです。しばらく母の簪ぐるいは続きましたが、突然「やはり私には似合わないわ」の一言と共にショートヘアーに戻り、簪達は引き出しにしまい込まれました。

私は、その頃の母の年齢をとうに超えましたが、あのような情熱は持ち合わせておりません。

似合うジーンズ、似合わないジーンズ

前述のアメリカの雑誌の『セブンティーン』に、それまで仕事着だったジーンズがファ

ッションとして登場してきました。今ではデニムというほうが一般的ですが、私はデニムという言葉を口にする度に、いまだに唇がピクピクします。金髪の少女達がポニーテールにチェックのシャツ、膝までまくり上げたジーンズ姿でいるのが新鮮でした。

当時、ジーンズはあくまでも都会で着るものではなく、郊外を走る小田急線でさえ、乗るのにはばかられるものでした。当然、今のように、スキニーだ、ワイドだ、ボーイフレンドだ、などというファッション性のあるチョイスはなく、昔ながらの作業着の一種類のみでした。

ご多分にもれず私もジーンズをはくようになりましたが、一種類しかなければ悩む事はありません。近頃のように様々な種類が出てくると自分は何を着てよいかわからず、いまだに右往左往しております。

今までの私にとっての最悪は、ローライズ、ワイド、ダメージです。特に年甲斐もなくダメージをはくと、まさにただの汚いバーさんになります。私には合わないもののほうが多いのもわかってきました。合うメーカーも約二社に限られてきました。それでも新しいジャンルが出ると着てみたくなりますので、ヘアースタイルのようには定着いたしません。

「ひと目惚れだった」という、デニムで知られる〝45R〟のベストは、様々な織りのインディゴ染をはぎ合わせたような素材が美しい。同じく〝45R〟の刺繍《ししゅう》のイヤリングを合わせて、シンプルなスタイルに個性と存在感を。

白洲正子さんが好んで集めていたという古代ガラスのアクセサリー。古墳時代にさかのぼる古代ガラスは、実に味わい豊かな表情を持っている。ほのかに透ける紺と白で、夏らしい清涼感を。

夏

抜けるような青空に、くっきりと映える茅《かや》葺《ぶき》屋根。
東京であることを忘れるほど
豊かな武相荘の夏は、涼やかな着こなしと共に。

夏が来れば思い出す…

私の子供の頃の武相荘のあたりの夏の暑さは、地球温暖化のためと言われる今のような暑さではありませんでした。

当時はあんなに涼しく感じた茅葺《かやぶき》屋根の家でも、現在ではエアコンなしでは過ごせません。エアコンの機械からは水蒸気が発生するらしく、それが茅葺の屋根まで上昇し、水分の大好きな苔が屋根の上にたくさん発生し、その中に虫も住み着き、それらを狙って鳥が集まり、苔と一緒に屋根の茅までほじり出す始末で、一生に一度と言われている茅の差し替えをしてから十年余しか経っていないのに、また補修しなくてはならなくなりました。

エアコンがなかった当時には、暑さを凌《しの》ぐために、楽しい様々な工夫があったと思います。着るもの一つとっても、暑かった一日の終わりを告げるカナカナ蟬の鳴く頃に行水をすませ、浴衣などに着替えるのは楽しいものでした。

何かを始める時に、万事にそのシーンを整える事が好きだった母にとっては、夏の夕方の浴衣は絶対的に欠かす事の出来ないアイテムだったようで、団扇《うちわ》なども手にして、彼女が子供の頃に育った家の食堂の壁にかけられていたという『湖畔《こはん》』という黒田清輝《くろだせいき》画伯の

「最近、気になっている色なの」と桂子さんが言うイエローのシャツは、〝イッセイミヤケ〟のもの。同系色の〝ジル サンダー〟のニットを合わせることもあるそう。パンツは〝UNIQLO〟、靴は〝コール ハーン〟のフラットシューズ。爽やかな色彩と軽やかな透け感が、夏でも長袖の桂子さんの着こなしを涼しげに見せる。武相荘の母屋前から続く、竹林を歩きながら。

油絵を気取っているように見受けられました。

私も母の浴衣が羨ましく、母にねだったところ、女の子向きの浴衣地など当時はなかったのか、面倒くさかったのか、藍地に白の麻の葉模様の自分の浴衣を仕立て直して、私にくれました。しばらくして、台所に見たような柄の布巾《ふきん》が干してあるのが、目に留まりました。なんとそれは母の浴衣を私のために、子供用に直した残り布でした。布巾には色あせたようなところもあり、私の浴衣のためには、色あせていない裏の部分を使ってくれたように思えました。不思議な事に、自分の浴衣が布巾と同じ柄だという事が、当時は誇らしかったのを覚えています。

腰が痛いと言って、床に座るのが苦手だった父は、縁側に籐椅子など持ち出して、美味《おい》しそうにビールを飲んだりしておりました。あまりに美味しそうな飲み方なので、どんなに美味しいのだろうと思って、父が席を外した隙を見て飲んでみますと、あまりの苦さに生涯こんな飲み物は口にしないと誓いましたが、いつの間にかそんな事は忘れてしまい、ガブガブ飲んでいる昨今です。

幼かった頃の、楽しい夏の夜

その他の夏の思い出は、不用心などという言葉は使う事がなかった頃に、窓を開け放って蚊帳《かや》をつって寝る事もあった夜です。

あたりが暗くなった頃に、虫捕り網を片手に田んぼに繰り出し、顔に当たり、周囲がほんのりと明るく見えるほどに飛んでいる蛍を手当たり次第《しだい》に網で捕り、家の蚊帳の中に放ち、その青白いともいえる蛍の光を見ながら眠りにつくのは、楽しい夜でした。光っては消え、また光を放つ蛍は、自分がおとぎ話の主人公になったような気持ちになるのには十分過ぎるものでした。

その楽しい夜を手に入れるのには、父との一つの約束がありました。それは、翌朝の明るくなる前に、蚊帳の中の蛍を残らず集め、外に放つ事でした。それは「むだなせっしょうはするな」という幼い私には理解不能の言葉でしたが、虫でも何でもむやみに殺してはいけないという意味だと、漠然と理解できました。「無駄な殺生」と書くと知ったのは、かなり後の事です。

そんなふうに、団扇、浴衣、蚊帳などで暑さを凌いでいた時代は、あっという間に過ぎ去り、都心から離れた鶴川村のあたりもエアコンなしでは耐えられないような暑い夏が襲ってきました。

丁度《ちょうど》その頃に、生まれて初めての夏を迎えた私共の息子も汗疹《あせも》だらけになり、今ではおまじないとしか思えないような、桃の葉を煮出した汁などで凌いでいましたが、とうとう暑さに降参するような心境でエアコンを取り付けました。今では考えられませんが、当時はエアコンは赤ちゃんにはよくないという考え方が主流で、健在だった夫の祖母も、エアコン＝殺人兵器のような勢いでした。

しかし汗疹は増加の一途をたどり、私の母は頼りにならず、どうしたものかと思って、ふと私が子供の頃に診ていただいていた、いい小児科の先生の書かれた育児書を見てみますと、〝大人が使って気持ちのいいエアコンというものは、赤ちゃんも気持ちがいいに決まっています〟とありました。霧が晴れたような気持ちになり、桃の煮出し汁とは、おさらばすることができました。しかし桃の煮出し汁の名誉のために申し上げますが、確かに汗疹には効き目がありました。夫の祖母が訪ねて来てくれる日には、桃の煮出し汁が登場しておりました。

その先生のご本のあとがきには〝子育てとは、リュックサックを背負った赤ちゃんとおかあさんが、手を取り合って歩んでいく道のりのようなもので、やがて赤ちゃんがおかあさんの手を離れて、一人で歩いて行く後ろ姿が見えるでしょう〟とありました。また〝そのリュックサックに赤ちゃんが、これから生きて行くのに役に立つ知恵を折に触れて入れてあげて下さい〟といったことも書いてありました。

私は、たくさんの知恵をリュックサックには入れてあげられませんでしたが、彼が一人で歩いて行く後ろ姿を見たような気がします。

夏の装いで気を付けている事

　ふと気が付くと、私はいつの頃からか、袖なし、半袖、襟なしの服を着なくなりました。理由を聞かれる事がよくありますが、映画の『アラビアのロレンス』などで見られるように、灼熱の太陽の下ではなるべく肌を出さないほうがよいと言われているので、それにならってかっこよく、と言いたいところですが、湿度の高い日本ではあまりよい考えとはいえません。

　本音を言いますと、誰も見ちゃいないと思うのですが、自分の腕や首のあたりはちょいと見苦しいので、しまっておいたほうがよいようです。手袋は夏でも必須アイテムです。首の後ろにも皺がより、ネックレスが皺に入り込む始末です。そのために、夏でもスカーフが首周りに欠かせなくなりました。母が日光アレルギーになり、今の私のようにスカーフが長い間手放せず、たくさん遺してくれましたので、便利に使っています。

　最近、友人が転倒して、骨折したなどという話を聞くにつれ、どうしてもヒールの靴ではないと似合わない時以外、ヒールの靴を履く事もなくなりました。しかし幸せな事に、最近ではローヒールのおしゃれな靴がたくさん出回っていて、楽だというだけで、靴を選ばなくてすみます。

　母は晩年、「年を取るというのは、病気の一種だ」と言っておりましたが、そんな病に負けてたまるかと思い、周囲の方に汚いババアだと思われないように、頑張ります。

アクセサリーとのお付き合い

何故《なぜ》、人間は装身具で自分を飾るのだろうかと思います。いくら考えても明確な答えは出てきません。確かな事は、人間すべて（特に女性は）装身具が大好きです。世界中どこへ行っても装身具を売っています。

ご多分にもれず、私も大好きです。若い頃は、結婚を控えた友人がダイヤモンドの婚約指輪などをしているのを見せてもらったり、成人のお祝いに真珠のネックレスをいただいたなどと聞くと、羨ましく思ったものです。生憎《あいにく》、私の育った家は宝石とはとんと縁のない家で、自分が何歳になっても何も持っていない事をあまり不思議に思っていなかったのですが、今から思うと、羨ましいと思っている気持ちを恥ずかしいと感じ、その気持ちを覆い隠すのに苦労していました。

両親はそのような私の気持ちなど気付くはずもなく、母は「ダイヤモンドなんか糞くらえ、古代ガラスのほうが美しい」などと言っておりましたが、当時の私は「買えないもんで、あんな事言ってらー」と、冷めた目で見ておりました。母が亡くなったのちに税務署のお役人がやって来て、「お母さんの宝石はありませんか」と聞かれた時は思わず失笑してしまい、疑いの目を向けられてしまいました。

私が結婚した相手も、経済的にまったく宝石などに縁のない人で、そのまま現在にいたっております。多少持っている物は、宝石とは言えないものばかりです。

不思議な事に、ダイヤモンドを見ても羨ましいと思う気持ちは徐々になくなっていきました。負け惜しみかもしれませんが、ダイヤモンドなどの貴石は、伝統的に欧米人のほうが似合うもののような気がします。素晴らしい装身具、装飾品や骨董などを手にするには、やはりそれに見合ったバックグラウンドや知性が必要だと思います。貧しい心では価値も激減してしまいます。それだけに、すべてを備えた方達の写真を見るのは大好きです。

アクセサリーは自分のためにつけるもの

若い時に好きだった手仕事や土いじりによる指の使い過ぎで発症する、ヘバーデン結節という指の関節が太くなる疾患にかかり、指輪をすると、人様の目が手にいくような気がしますので、最近では多少持っていた指輪もつけなくなりました。ですから外出した時などに、宝石の指輪をつけていても、指輪にそぐわない手をされた方を見かけると悲しくなります。そんな時も母は人の気も知らないで、「使った手のほうが、何もしないきれいな手より美しい」などとほざいておりました。

今では、あまり持っていなかった指輪も、すべて処分してしまいました。例外は母が亡くなる寸前までつけていた指輪で、鎖に通してネックレスとして使っています。そのネックレスですが、首というのもあまり人様の目に触れてほしくないものです。最近、首の後ろに皺が出来て、なるべくスカーフをしたり、襟付きのシャツを着たりして隠していますが、どうしても首を出す時は、せめて首の後ろの皺を隠すネックレスをしています。

アクセサリーをつけるのは、自分のためと思いたいところです。同時に人様を不快にするのは避けたいものです。

自分に合わない流行には手を出しません

洋服には様々なデザインがあり、その時々の流行があります。随分長いことかかりましたが、やっと自分が手を出してはいけないジャンルがわかってきました。

現在でも「流行で素敵だな」と、着てみたいと思っても、着ないものがあります。例えばワイドパンツです。私はどちらかというとトップヘビーで、ヒップよりもバストのほうが大きく、ボトムがワイドだと全体に関取風になってしまいます。同じ理由で、ウエストがはっきりしているワンピースも×です。バストが大きいと羨ましいなどと言って下さる方もありますが、とんでもございません。長いネックレスもバストに両方から押され、虫メガネのような形になってしまいます。スーツなども、スカートが丁度《ちょうど》よければ、ジャケットが小さいのです。〝ワコール〟の、バストを小さく見せるブラジャーというのを探す日々です。

シンプルな服にアクセサリーで変化を

あまりデザイン性が強い洋服ですと、「あの人また同じのを着ている」と言われそうです。それについては悲しくて忘れられない思い出があります。

二歳の頃より今も暮らしている鶴川は、当時は田畑や雑木林しかなかったところで、私

首周りには必ずネックレスかスカーフを合わせるのが桂子さんの流儀。〝ジル サンダー〟のニットに施された赤のステッチに合わせた〝アガタ パリ〟のネックレスは、手仕事を思わせる雰囲気も好み。

は毎日を泥だらけになって楽しく暮らしておりました。それ以外の世の中など、あるとも思いませんでした。

毎年夏のある時期だけに会う、親戚の一歳年上の従姉がいました。彼女は私のように泥だらけで遊ぶのが楽しいような暮らしはしておらず、既にファッションなどに心が向いていたのでしょう。一年ぶりで会った私を一瞥《いちべつ》して、「去年と同じ洋服を着ている」と大声で衆人の中で言い放ち、私の荷物も全部バッグから取り出して、「丈のあげを下ろした線までついている」と大笑いをしながら、その場を立ち去りました。

彼女は何気なく言った事だったのでしょうが、いまだに、あの時の屈辱と悔しさは忘れられません。今から思うとなんという事はなく、何故あんなに悲しかったのかもわかりませんが、その時以来、同じ洋服を同じところに着て行くのは変わらずトラウマになっています。

そのトラウマのためでしょうか、デザイン性に乏しく、人様の記憶に残らず、何度でもアクセサリーで誤魔化《ごまか》して着られる洋服を選ぶようになりました。

武相荘の「レストラン&カフェ」の奥の間は、白洲次郎・正子夫妻が暮らしていた当時は食堂だった。季節に応じて展示される夫妻所蔵の絵画などが楽しめるのも魅力。レストランで手紙をしためる桂子さんは〝ジル サンダー〟のトップスに、赤をリンクした〝レペット〟の靴といういでたち。

眺めているだけで幸せな服

世の中には、何かの力が働いているとしか思えない不思議な事があるものです。私はどちらかというと多数の日本人のように、七五三は神社、結婚式は教会、葬式はお寺というふうに信心とは程遠い人間ですが、今回のような出来事に遭遇すると、何かの力が働いていると認めざるをえません。

私の父などは「葬式無用」などという遺言を書く始末で、私は「困った時の神頼み」などという便利な言葉も知らずに育ちました。そのような私にとって、最近、不思議な出来事に遭遇する機会がありました。この本の写真を撮って下さっている浅井佳代子さんを、ご存じの方もいらっしゃるかと思います。彼女の撮影日には雨が降らないというのは、編集の方達の中では定説のようです。天気予報が雨だろうが、早朝に雨が降っていようが、皆様お構いなしで、「浅井さんの撮影だから」と澄ましたものです。不思議ですが、いざ撮影となると嘘のように、雨がやむのです。この本のための撮影も二十数回を数えましたが、一度も雨天中止になった事はありません。雨が降っていても、あら不思議、写真を撮る時になるとピタリとやむのです。

今回の写真の撮影日は、前日から、天気予報は激しく雨が降る、というものでした。当日の朝、天気予報は当たり、早朝から激しい雨が降っていました。時間が経つにつれ、ますますひどくなる始末でした。浅井マジックもこれまでかと思いましたが、ハッと気が付いてみれば、レインコートの撮影です。浅井〝逆〟マジックも見事なものでした。本書11ページの写真の見事にきれいな雨をお楽しみ下さい。

一度も着る事のなかった少女時代の思い出の服

私は、魚もですが〝ひかりもの〟の洋服や靴が大好きです。現代ではそんなことはないでしょうが、ひかりものを身につけるのは、私のように家でくすぶっている人間ではなく、人様に見ていただく職業の方だと思っていました。

既にかなりの年月が経っていますが、そろそろスニーカーが運動靴ではなくなり、都会でも履けるおしゃれな靴になっていった頃に、お店で見た金色のスニーカーが忘れられずに、ついに買ってきた事があります。しかしどうしても履いて出かける勇気どころか、家族に見せるのもはばかられ、夜中にそっと取り出しては、履いてみたりするのが密かな楽しみでした。とうとう一度も、そのスニーカーを履いて出かける事はありませんでした。

ひかりものではないのですが、十代の初めの頃、洋服でもスニーカーと同じような運命をたどったものが二着あります。やはり絶対に着ては出かけないだろうとわかっていましたが、既製服がなかった当時ですので、どうしても欲しくて母にねだって作ってもらいました。一着はお花畑のようなカラフルな模様で、グリーンのサッシュベルトが付いた袖なしのワンピース、もう一着は真っ青な別珍《べっちん》の、フレアーの入ったロングコートです。二着とも、父が連れて行ってくれた、当時、アーニー・パイルと呼ばれていた日比谷の宝塚劇場で、進駐軍《しんちゅうぐん》のために上映されたミュージカル映画の中で、夢のようにきれいな女優さんが着て踊っていたのを観て、忘れられなくなった洋服です。出来上がってきたコートとワンピースはとても気に入りましたが、結局、一度も着る事はなく、金色のスニーカーと同じように、たった一人で夜中に眺めて楽しむだけに終わりました。

余談ですが、先日ネットのファッションのページを何気なく見ておりましたところ、そのワンピースと殆《ほとん》ど同じものが〝ドルチェ&ガッバーナ〟のページに出ておりました。何かとても懐かしくて、しばらくその頃に思いをはせました。

私がとうとう一度も着なかったそのワンピースは、出来上がった時より私が成長してしまい、小さくなった事に気が付いた母の考えで、彼女の知り合いの、私より三歳程年下の女の子のところに貰われていきました。その女の子は色白の、ほっそりとした長身で、そのワンピースがとてもよく似合っていました。私の大好きだったワンピースがとても素敵で、我が家の箪笥《たんす》の中にいるよりは幸せだと思い、うれしかったのを覚えています。嫉妬心が湧き上がってこなかったのが不思議です。

私の母は、自分の事に頭が一杯で、せっかく出来上がった洋服を、自分の娘が着ない事にさえ気が付かなかったのは幸いでした。当時、何故《なぜ》着ないのかと聞かれたら、あの頃の私でしたら、腹黒い現在とは異なり、うまく答える事は出来なかったと思います。

数十年も経った今でも、自分では着られないだろうと思っても、眺めているためだけに欲しくなる事がありますが、さすがに自制の気持ちが働きます。写真で着ているジャン＝ポール・ゴルチエとイトーヨーカドーのコラボのレインコートを我が家の近くのヨーカドーで最初に見た時も、ビビビッと来ましたが、もしかするとまた、密かに眺めるだけになるのではないかと思い、一旦帰宅しました。それでも諦めきれずに買ってきましたが、当初の心配は杞憂《きゆう》に終わり、かなりの年月が経ちますが重宝しております。

今でも、毎年一度や二度は、欲しくても着ないだろうと思って、購入しないものがあります。ある冬のシーズンでは、恥ずかしながら『スター・ウォーズ』に出てきそうな、光り輝くシルバーのダウンコートに目が留まりました。そのダウンコートは相当人目を引くような代物で、絶対に着られないと思っておりましたが、他の人達もそう思うらしく、そのお店の前を通る度に売れ残っていてバーゲンになり、諦めるのに苦労しました。

母の店に通われていたお客様の唯一の趣味とは

銀座の染織工芸の店にかかわっていた母から聞いた話です。あるお客様が時々反物を買っていかれるのですが、何故かお求めになるものの基準はただ一つ、「素晴らしい品」というだけで選択の傾向がなく、お求めになった物を着られているのは一度もお見かけした事がなかったそうです。不思議に思い、理由をうかがってみると、彼女は一部屋に衣服を並べて、その中でゆっくりお茶を召し上がるのが唯一の趣味で、驚いた事に、オートクチュールの洋服などもたくさんお持ちだとの事でした。好奇心旺盛な母はそのお部屋を見せていただいたそうですが、世界中の美しい衣服が整然と展示されて、それはそれは素晴らしい光景だったと、平素「着られないものなんかつまらない」と言っていたのも忘れ、感激して話してくれました。おこがましいのですが、広い世界には私と同じように、衣服は着るだけが楽しいのではなく、持っているという満足感が楽しいのだという人もいると知って、とてもうれしく思いました。

そういえばこの傘は、長い間母が欲しがっていた〝ブリッグ〟の傘です。手に入れたあとで玄関に置いてあった焼き物の傘立てが傘に合わないと言い出し、ポルトガルだかスペインの、彩色を施した、何に使ったか不明の長い桶のような代物を何処《どこ》からともなく調達してきて、まるで花を活《い》けるように数本の傘を活け込んで、満足そうに眺めておりました。

エナメルのような光沢を持つコートと、〝エルメス〟のシルクスカーフの艶やかな質感が、モノトーンに表情を与えて。白洲正子さんが熱望したという傘は、英国伝統のブランドである〝スウェイン・アドニー・ブリッグ〟の物。

白という特別な色

白という色は、何か特別な感じがします。令和元年に行われた皇室の行事である大嘗祭《だいじょうさい》の儀では、皇后陛下が白い十二単《じゅうにひとえ》をお召しになっていらっしゃいました。赤ちゃんの産着《うぶぎ》なども白ですし、現代ではあまりお見かけしませんが、お葬式の際、喪主の方が、白い喪服を着ていらっしゃるのを何度も見た事があります。人生の節目に登場してくる色です。

母が亡くなる数年前の、ゆったりとした時間が流れていた午後の事、織物作家の田島隆夫《たじまたかお》さんから宅配便が送られてきた事がありました。田島さんはその織物だけでなく、人間的にも素晴らしい方で、母の親しい友人の一人でした。美しい絵が描かれた手紙をいただいたり、お目にかかってお話をするのを楽しんでおりました。

母が包みを開けてみますと、天女の羽衣もかくや、というような、美しい白い反物と、光を抑えた、これまた美しい金色の帯地が出現しました。彼女は美しい物を見た時の独特の歓喜の表情を浮かべて、その美しい反物を肩にかけて「これは私の経帷子《きょうかたびら》よ」と独り言のように言い、箱に戻し、お気に入りの刺し子の風呂敷に包み、簞笥《たんす》の引き出しにしまい込みました。

ある日、母が田島さんから、「さようならの電話がかかってきた」と言った事がありました。変な事を言うなと思いましたが、本当にその電話を最後に、田島さんはお亡くなりになりました。

しばらくの後に、母も亡くなりました。

母が亡くなった日に、彼女が箪笥の引き出しに大事そうにしまい込んだ、風呂敷包みの事を思い出しました。取り出してみると、しまった当時のままの羽衣のような反物と、抑えた金色の帯地が現れました。漠然と経帷子というものは、どのようなものかわかっているつもりでしたが、詳しそうな方に聞いてみますと、故人に着せるために、身内の者が泣きながら、徹夜してでも縫い上げるのが、慣例だそうなのです。さて困った！　泣きながらは出来るとしても、私は着物を縫う技術など、まったく持ち合わせておりません。

病院のご指示で、母が帰宅するために持っていっておいた、彼女がとても気に入っていたにもかかわらず、一度も袖を通す事のなかった三宅一生《みやけいっせい》さんのワンピースは、（亡くなった人に対する言葉としては、相応《ふさわ》しくないかもしれませんが）とても彼女に似合って素敵に見えました。そのままのほうが母らしいと思い、経帷子は諦める事にしました。お棺の中に、やはり母が大好きだったスイスの友人にいただいた、にぎりのところに鳩の付いた杖と一緒に、反物と帯地をしのばせました。

お棺を閉じる時に、田島さんが織って下さった天女の羽衣のような反物が、なくなってしまうのが惜しいという自分の気持ちに逆らえず、小声で「ごめんね」とつぶやき、反物、帯地と杖を取り出しました。もし母が私の立場であったら、同じ事をしただろうという確信があります。今でもその美しい反物は、静かに箪笥の中で時を刻んでおります。

私の結婚式にまつわる父と母のエピソード

白という色で私が思い浮かべるのは、皆様も同じと思いますが、やはり人生の節目に着るウエディングドレスです。

私が結婚した時の事です。

私が想像したとおり、あれこれと小まめに嫁入りの支度に気を配る、世間の親とはまったく違い、母にとって娘が結婚するなど、遠い世界の出来事のように思っているようでした。それでも彼女が当時、着物のお店の経営に携わっておりましたので、父に「じろさん、着物くらい、持たせてやってちょうだい」と言い、数枚の着物を作ってくれました。疑り深い私は、内心、「売り上げが欲しいのだろう」などと、憎らしい想像をしたものです。

父は父で、「わけのわからん奴が、ぞろぞろ来るような披露宴などやるな。時間と金の無駄だ」などと言い、祝福どころではありませんでした。

それでも、何か披露宴らしきものはやる事になりました。色々と考えた末、かつて吉田

海などに行く時によく着るという鮮やかなブルーのパンツは、メイド・イン・ジャパンの物づくりをしている〝D.M.G.〟の物。それにリンクさせて、ブルー系の色合いが爽やかな〝ミッソーニ〟のニットを。合わせる小物はつば広の帽子も含め、バッグもスリッポンもオール白でまとめて。

茂さんが、どこやらの大使をなさっていた時のコックさんがシェフだった、赤坂のレストランを会場に決めました。今でこそ、レストランでのウエディングなど当たり前ですが、当時は「あんなところで披露宴なんて」という陰口などが、耳に入ってきたりもしました。父に、陰口のことを言いますと、にっこりと笑い、「よくぞレストランを選んだ、さすが俺の娘だ」と褒めてくれました。その後も父は無意識に、母親の役まで彼がやっているような様子で、指輪をしたがる夫に「男のくせに、指輪なんかするな」とか、「引き出物なんてくだらない」などといちいち口を出すのには、辟易《へきえき》しました。

ウエディングドレスは白のワンピースでした

次なる課題は、ウエディングドレスでした。それにも父は「ビラビラしたものなんか着るな」と言いますので、普段着でもいいやと思いましたが、やはりちょっとはお嫁さんらしくしたくもあり、考えました。けれども普段着る事のないロングドレスは着こなす自信がなく、結局リボンが織り込んであるような布で、袖なしで、ハイネックのショート丈のワンピースなら、後でも着られると思って決めました。

それにサテンの肘の上までの手袋と、共布で五センチぐらいのヒールの靴も注文で作ってもらいましたが、手袋は披露宴の最中にほつれてしまいました。サテンの靴はそれから一度も履く機会がなく、黄色くなってしまい、もったいない事をしました。普通の革の靴にしておけばよかったと思いました。ただの袖なしのワンピースは、何度も着る機会がありました。貸し衣装など普及していなかった当時でしたので、着慣れない一度しか着られないロングドレスよりよかったと、今でも思っています。

結婚式には何度もお呼ばれしましたが、平素と変わらないその人のよさが出ていて、リラックスした雰囲気のウエディングドレスをお召しの方は少ないように見受けられます。

記憶に残っている花嫁さんのお一人は、いかにも着慣れている感じのする木綿のシャツと、同じく木綿のロングスカートにパールのネックレスで、彼女らしさが溢《あふ》れ出ていました。

もうお一人は、お色直しのドレスでしたが、ブルーのシンプルなミモレ丈のワンピースに、カールした髪に同色のリボン、フラットシューズでした。私は彼女にお目にかかった事は殆《ほとん》どなかったのですが、一目でどのような方かわかったような気がいたしました。後日、彼女の親しい方からお聞きしたところによると、そのドレスはお色直しのための物ではなく、普段からお気に入りの物だったそうです。

私のドレスは、そのような素晴らしい物ではありませんでしたが、結婚してから、あっという間に五十年余も経ってしまいました。

column 牧山桂子の〝小物〟語り

一度着たら覚えられてしまうようなデザインのある服よりも、シンプルな服に、
小物で表情を添えるのが桂子さんの着こなし哲学。バッグにしても
カジュアルに、ドレスアップに……と、シーンに合わせて替えているそう。
パーティーの時のアクセサリーなどは、予備をバッグに入れて、
その場の雰囲気によってつけ替えることもあるのだそうです。

首元をあらわにしないためにもアクセサリーは欠かせない

桂子さん好みのジュエリーブランドが、デンマークの〝ジョージ ジェンセン〟。北欧ならではの、他にはないデザイン性が気に入っているのだそう。この『デュウ ドロップ』というクリスタルが付いたペンダントは、夏の装いにぴったり。

あえてGジャンに合わせる〝シャネル〟のバッグ

20年来愛用しているという〝シャネル〟のバッグは、ジーンズなどとも相性のいいネイビーという色がお気に入り。最近では、スマホなどを入れる小さなバッグと、トートバッグと2個持ちスタイルが多い桂子さんには、欠かせないバッグだそう。

カジュアルな装いには肩にかけられる〝エルメス〟を

20年ほど前に自分で購入したという〝エルメス〟のバッグは、ストラップの位置を変えられる優れ物。飽きのこないバッグや靴を、きちんと手入れをして長く愛用することは、父・白洲次郎さんに教えられたというおしゃれの流儀。

履きやすくデザイン性もあるフラットシューズがお気に入り

ただ履きやすいだけでなく、オンもオフもカバーするデザインが増えたローヒールの靴。桂子さんもすっかりローヒール派に。〝ジミーチュウ〟の一足は、男性がドレスアップする時に履くオペラパンプスのようなデザインに惹かれた物。

サングラスの楽しいおしゃれ

ひと昔前の事です。「色眼鏡」とも呼ばれていたサングラスをかけているのは、例えば、サングラスのためにかえって目立ってしまうのに気が付かない人か、もしかすると内心は目立ちたいのかもしれない、顔を知られている芸能人か、晴天のスキー場でのスキーヤーぐらいのものでした。物の本によりますと、瞳の色が薄い人は太陽光が眩しいので、名前のとおり太陽光をブロックするサングラスが必要だそうです。

ちなみに父はとても目がよく、年齢を重ねても殆《ほとん》ど老眼鏡も必要としていませんでした。朝食時に新聞を読む時などに、時々かけているのを見る程度でした。彼は母と違って手のかからない人で、毎朝一人でコーヒーを淹《い》れて、果物を剝《む》いて食べたりしておりました。食卓のサイドテーブルに、栓抜きや爪切りなどがごちゃごちゃと入れてある朝鮮の小箱が置いてあり、その中に骨董屋で売っているような、いつ拭いたかも不明のような老眼鏡が入っていました。その老眼鏡がその箱から出るのは父の朝食時だけでしたのと、あの汚れ具合ではあまり必要としていなかったのでしょう。父は瞳の色が薄い人でしたが、何かが特別だったのでしょうか、サングラスをかけているのも殆ど目にした事はありません。

何故《なぜ》瞳の色が濃く、太陽光がそれほど眩しくない日本人の間でサングラスがポピュラーになったのかといいますと、私には〝レイバン〟のサングラスをかけて厚木基地の飛行場に降り立った、マッカーサー元帥《げんすい》の率いる占領軍に端を発しているように思えます。

終戦後、都心で空襲を免れたある程度の広さの家は、アメリカ人の将校さん達のために次々と接収されていき、そこで垣間見られる営まれていた生活は、当時〝アメリカは百年後の日本だ〟といわれていたのを彷彿《ほうふつ》させるようなものでした。真冬でも春のように暖かな室内や、見た事もないような食事やファッションなどは、想像を絶する異次元の世界でした。

沖縄の友人に聞いた事がありますが、彼等は時折、派手なファッションで海岸に、大量の食料を運び込んで休日を過ごす事があり、そのような時に、灼熱の沖縄の太陽の下で、全員がサングラスをかけていたのが印象的だったそうです。夕方までを海岸で過ごした後は、大量のランチの残りが入っているクーラーボックスをそのまま放置して帰っていくのが慣例だったとの事です。

時を経てからの友人の想像は、茂みの中に身を潜めて一部始終を見ている少年達に気付いて、クーラーボックスを毎回、放置して帰ってくれていたのではないかというものでした。クーラーボックスの中には、ハムの塊やパン、お菓子やジュース、アイスクリームまで入っていたそうです。敗戦国の少年達が、お腹をすかせているのではないかというアメリカ軍人の配慮にやさしさが溢《あふ》れていて、大好きな話です。その一方で、接収から元の家主に返還された家々では、床柱に真っ赤なペンキを塗られてしまったり、お座敷の白壁に壁紙を貼られてしまったりもしたと聞きました。

新しもの好きの母とサングラス

徐々にアメリカ文化が浸透し始め、石原《いしはら》慎《しん》太郎《たろう》氏の芥川賞受賞作品、『太陽の季節』の影響でしょうか、きれいな女性たちを傍らに、トレードマークのように全員サングラスをかけた裕福であろう若者達が、湘南の海岸にも出現し始めました。反対にそのようなアメリカナイズされた風潮をよしとしない硬派の若者達もいて、両者の間には微妙な緊張感が感じられました。

両親の友人の息子さん達が集まった、硬派の若者サイドにいた私は、内心羨ましいという気持ちが自分の中にも、仲間の中にもあるのを感じながら、批判的な眼差しでその夢のような光景を遠巻きに眺めるのが常でした。

好奇心に溢れていた母がサングラスに目をつけるのに時間はかかりませんでした。色の濃い、両方のレンズが吊り上がっている、いかにも人目を引きそうなサングラスを手に入れてきました。彼女は自分が気に入っていれば、人様の目などまったく意に介さない人間

武相荘には会員組織「武相荘の倶楽部」があり、入館フリーパス、月1回のWEBマガジンなどの様々な特典が……。写真の撮影場所は、白洲次郎・正子夫妻関連書籍の閲覧などが出来る、その会員専用のラウンジ。穏やかな日差しのもと、チェックがカジュアルな〝45R〟のジャケットで読書にいそしむ桂子さん。

だとわかっていましたが、思ったとおりで、外出の際は電車に乗ろうが、人が好奇の目で見ようが、一緒にいる私が恥ずかしく思っていようが、まったく気にかける事はなく、その頃、プリンセススタイルと言われていたウエストがしぼられたコートを着て、サングラスをかけ、ヒールの音も高らかに意気揚々と外出するのでした。

時は過ぎ、サングラスは徐々に一般的なものとなり、ファッションにも取り入れられるようになりました。細面の母は、私から見てもサングラスがよく似合いました。その上、幸か不幸か(?)彼女が銀座でかかわっていた着物の店「こうげい」のお隣が高名な「イワキ眼鏡店」でしたので、ちょくちょくお邪魔しては、新しい形の物を手に入れてきていました。

遅まきながらのサングラスデビュー

私もファッションでサングラスをかけてみたいと思いましたが、なにぶんにも、母のように「自分が気に入れば人がどう見てもよい」というふうに思える人間ではなく、人目を気にする小心者ですので、相変わらずスキーやテニスなどの時以外には、サングラスをかける事はありませんでした。

突然、そんな私にサングラスをかけるよい口実が出来ました。

五十代半ばの頃だったと思いますが、だんだんに字が見えづらくなってきました。こりゃ老眼だと思い、百円ショップで老眼鏡を買って試してみてもよく見えるようになりません。眼科を受診してみると、年齢的にはちょっと早いけれど、白内障だとの事でした。早速、手術をしていただきますと、世界が変わりました。現代の医学の進歩に心から感謝をいたしました。七十歳からでないと保険が利かないというのがイマイチでしたが……。

手術後の先生のお話で、白内障手術用の人工レンズは日光にさらされると劣化が進むので、必ずUVカットのサングラスをするようにというアドバイスがありました。それを聞いて、これで自分の気持ちを偽らずにサングラスがかけられると思い、内心「しめた！」と思いました。

しかし、いざサングラスを選びに行ってみると、母のような細面と違って、どちらかというと丸顔の私の顔かたちに合うサングラスはなかなか難しいのがわかってきました。気に入った形と思っても、一例をあげれば、眉毛とサングラスの間が空いていると、間が抜けたような顔になってしまいます。

それでも晴天の気持ちのいい日に、その日のファッションとぴったり合っていると感じられるサングラスをかけて過ごすのは、気持ちのいいものです。

沖縄の着物と三線と…

私が以前から沖縄にぼんやりとした関心をいだいていたのは、両親の影響だと思います。父からは太平洋戦争で沖縄の人々の払った犠牲、母からは素晴らしい織りや染めの技術の事を折に触れ聞いていたからだと思います。

母は口角泡を飛ばして、沖縄の織りや染めの素晴らしさを語ってくれましたが、アバウトな私は殆《ほとん》ど聞いていることはなく、他の事を考えていました。今となっては聞いておけばよかったと後悔しています。しかし有難いことに人の話というものは、耳からだけではなく皮膚からもしみ込んでくるものらしく、知らず知らずのうちに、沖縄の布がどのようなものかは、ある程度わかっていたような気がします。

母の遺していった箪笥《たんす》の中をひっかきまわしてみますと、幾つか沖縄の反物で仕立てた着物が出てきましたが、子供用の芭蕉布《ばしょうふ》の甚平《じんべい》や、明らかに彼女のサイズではない着物などが出てきました。左ページで私の着ている芭蕉布も、そのうちの一つです。私の想像ですが、沖縄の反物を取り扱っている呉服屋さんなどなく、母の〃欲しい、欲しい病〃を癒やしてくれるのは、骨董屋さんだけだったようです。

いかにも沖縄で実際に着られていそうな芭蕉布の着物は、筒袖《つつそで》で、おはしょりもない対丈《ついたけ》。桂子さんがお稽古をしていた三線《さんしん》の教室が沖縄で発表会を行った際に、この着物を着たこともあるのだそう。帯色に合わせ、半襟も履物の鼻緒もグリーンにして爽やかに。撮影は、したたるような緑が鮮やかな、武相荘の散策路で。

その中に一枚だけ、彼女が呉服屋さんに注文したであろう沖縄の着物があります。今となっては何処《どこ》の呉服屋さんだったか知るよしもありませんが、それは私のために誂えてくれた着物です。これまた想像の域を出ませんが、私が最初に母に着物をおねだりした時に、出来上がってきたのが藍染めの絣《かすり》でした。その着物が出来てきた時に、妙に勘がよかった彼女は私の顔に「もっと色のきれいなのが欲しかった」という失望の表情が浮かんだのを、見逃さなかったのではないかと想像しています。その着物は色鮮やかな黄色で、いかにも沖縄という絣文様が織り込んであり、そのうえ、ショッキングピンクの裾回しと真紅の袖裏で見るからに華やかなものです。

母が亡くなった後に沖縄の織物に詳しい方に、どの地方の物かを見ていただいた事がありますが、その時のその方のお答えは、様々な地方の織り方が混じり合っていて、お土産屋さんで売っているような物だとのことでした。「あのくそババア」と思いましたが、もともと〝何処の何〟とかという価値より自分の好みを優先する人でしたので、存命でしたら「お土産屋さんで売っていて、様々な地方の織りが混ざっていて何が悪い」と開きなおりそうです。私としてもその着物に何か不審なものを感じたわけではありませんが、何故《なぜ》か一度も袖を通した事はありません。

私が三線に心惹かれた理由

近年、観光地としての沖縄が、ますます脚光を浴びてきました。ミーハーの私も早速行ってみたところ、何処までも青い海や、光り輝く太陽、その中にそこはかとなく漂う寂しさや親切な人々などに魅了されました。

そんなある日の事、何げなくテレビを見ておりますと、沖縄のある一家の暮らしをドキュメンタリーで紹介する番組を放送していました。その番組は、今や都会では珍しくなった、三世代同居の家族の一夜を映し出していました。開放的に開け放った家の壁によりかかり、両足を投げ出して、無心に三線《さんしん》を弾く、沖縄の着物を無造作《むぞうさ》に羽織った祖母と、それに合わせてこれまた無心に踊る小さな男の子の映像に、なんともいえない幸せが漂っているのを感じました。

それまでも三線の演奏は何度もきいた事があり、いかにも難しそうに見えましたが、両足を投げ出して無心にメロディーを弾く彼女を見ていると、どちらかというと音楽の才能があると思えない私でも、三線が弾けるような気がしてきました。それと同時に、彼女が羽織っている着物と、母の箪笥に眠っている着物との共通点が見て取れ、母の着物を着て三線を弾く自分の姿まで目に浮かぶ始末でした。

ネットで調べてみると、当初私が考えていた程、安易なものではない事がわかってきました。三線は西洋の音楽のようにメロディーを記した譜がなく、縦書きの漢字の漢文の本のような代物があるだけで、メロディーはきいて覚えるというのです。「これは私には無理じゃわい」と思いましたが、様々な三線教室を調べてみると音符を使う教室があるのを発見し、通い始めることにしました。

初めて手に取ってみた三線は美しい物でした。その中の一つの三線の、美しい棹《さお》に目が留まりました。どこか見慣れたその木はスネークウッドといって、読んで字のごとく蛇のような木目が美しく、武相荘に展示してある吉田茂さんのステッキと同じ木でした。スネークウッドは非常に硬い木だそうですので、人間の体を支えるステッキや楽器にしばしば使われるそうです。

私は道具類が大好きで、自分がそれを使いこなせるかどうかも見極めないで欲しくなる困った性癖《せいへき》があります。両親からの悪い遺伝で、買い物好きは母から、道具好きは父からだと勝手に決めて、お得意の〝人のせい〟にしています。スネークウッドもよい例ですが、やみくもに欲しくなり、自分には過ぎた物だと内心気が付いていても、どうしても手許《てもと》に置きたくなると、何やかやと理由をつけて自分を許してしまうのが常です。幸か不幸かとても自分の手に負えないような物には、子供の時から自分で勝手に〝小人ちゃん〟と名付け、困った時に助けてくれる私の中の何かが守ってくれるらしく、心を動かされません。

この時はステッキのスネークウッドと三線との縁を、自分勝手にこじつけて購入しました。

さて、自分の音楽的才能の欠如も顧みず、意気揚々と三線のお稽古を始めました。私以外は皆さん上手な方達ばかりで、対等になれるのは飲み会ばかりという始末でしたが、発表会に母の遺した沖縄の着物を着て参加させていただいたりするのも楽しい日々でした。

自分の事は棚に上げてでしょうが、私の両親などは、結婚する時にはお互い一目惚れと言いながら、時を経た後には「夫婦円満の秘訣は一緒にいない事だ」などと宣《のたま》う始末で、何事も、最初は楽しくても時が経つ間に、だんだんと考え方も変わってくるのでしょう。結婚とは違うものかもしれませんが、私は何事においても自分の限界が見えてしまうと、それ以上努力しなくなることがしばしばあります。三線は楽しいのですが、努力しても一人だけどうしても出来なかったり、一人で歌わされたりするのがだんだん負担になってきてしまいました。自分の限界も感じ始め、約束が守られなかったりするお教室のごたごたや、このコロナの事もあったりして、とうとう辞めてしまいました。

少し沖縄から離れてみて気が付いたのですが、沖縄の織物や染物の着物を着た自分を見てみると、沖縄の方達が着ているようにはしっくりいっていない気がしてきました。

「お前なんかには十年早い」というような、軽い拒否さえ感じられます。

既に老後ですが、ゆっくりした時が訪れたら、また沖縄の着物を着て、一人でゆったり三線を弾こうと思っています。そのうちに着物も馴染んでくれることでしょう。

花模様の服を追いかけて

私は、自分に似合うものはわかっているという図々しい自信を持っていて、他人様がお召しのファッションを素敵だなと思う事があっても、それはその方だけのものだと思い、殆《ほとん》ど真似したりする事はありません。

それがある日の事、異変が起こりました。新宿駅の地下道を歩いていると、黒と白の花模様のタイトスカートに、白いジャケットを着た女性の姿が、突然目に入りました。彼女の顔などはまったく記憶にありませんが、何故《なぜ》かその姿が強く印象に残りました。

私のクローゼットの中は無地やニットの服が多く、花模様はまったくと言ってよいほどありません。花模様のファッションは、当時の流行だったと思われる二十代の最初の頃に手を出した記憶があるだけです。

記憶にある一枚は、黒地にピンクの大きな花模様で、スカートの部分が当時は落下傘《らっかさん》スタイルと言われていたシルエットの、忘れてしまいたい思い出の詰まったワンピースでした（人間の記憶とは便利なもので、忘れたいと思っていると本当に忘れてしまうものらしく、今では忘れてしまいたい記憶があったという事しか覚えていません）。もう一枚は、南米の熱い日差しを思わせるような、オレンジ、ピンクや赤など色とりどりの花模様のパンツで、自分で縫ったものでした。当時は既製服がなかったとはいえ、今思うと、よくあんな事が出来たものだと思います。

そのパンツは我ながらよく出来ていて、得意になって着ていました。結婚するなどとはまだ露ほども思っておらず、その頃はよい友達だった夫は、それから数十年経った今になっても「あのパンツはよかったなあー」などと言っておりますが、反対に父はそのパンツが大嫌いで、私がそのパンツをはいていると、「よくそんな色の物を恥ずかしげもなく着ているな」などと言って嫌がっておりました。今思えば、そのパンツが大好きな娘の生意気な男友達が、もしかすると娘を奪っていくのではないかという、本人も気が付かない危惧の表れだったのかもしれません。それ以後、なんとなく長い間、花模様から遠ざかってしまいました。

人真似をして服を探し求めた結果

それが突然、新宿駅の地下道で呪縛が解けたように、黒と白の花模様に取りつかれてしまいました。それから黒と白の花模様のスカートを探し歩きましたが、なかなか巡り合えませんでした。それなら以前のように自分で作ってやろうかとも思いましたが、長い間遠ざかっていた洋裁などに手を出す自信と勇気は、まったく心に湧き上がってきませんでした。それがある日の事、突然に、これまた新宿駅の地下道に繋がるところにある〝アニエスベー〟のショップで、とうとう巡り合う事が出来ました。意気揚々と試着してみますと、なんと私が夢に見ていたのとは程遠い、みじめな姿が鏡に映し出されていました。自分に似合うかどうかを考えもせず、ただ人真似だけした罰《ばち》が当たったのでしょう。

鏡を見て、意気消沈している私に、店員さんが「こちらはいかがでしょうか」と言って、同じ黒と白の花模様のパンツを持ってきてくれました。しぶしぶ着てみますと、先程のスカートを着てみた時とは打って変わって、うれしそうな自分の姿が鏡の中にありました。数分前まで黒白の花模様のスカートで頭がいっぱいだったのは嘘のように消え去り、もともと黒白の花模様のパンツを探していたような気分になり、買ってきたのが98ページの写真で着ているパンツです。このパンツをはく度に、人様が着ていて素敵だからといって真似をした、浅はかな自分を思い出します。

最近、出会った花模様のスカート

二〇二〇年からの新型コロナ騒ぎで行動が制限され、毎日の生活がまったく変わってしまいました。私は元来、外出があまり好きではなく、家で過ごす時間のほうが好きなのですが、自分の意志で楽しく家で過ごすのと、ステイホームなどと、これは「家にいろ」という意味だな、と翻訳しないとピンとこない言葉で言われるのとでは大違いで、あんなに好きだった家で過ごす時間も、命令されると色あせてしまいました。

こんな時だからでしょうか、平素は父親のせい(?)で敬遠しがちだった華やかな色彩のウエアに、目が行くようになりました。といって、以前のように気に入っているお店に行くのはステイホームゆえにはばかられ、ネットで好きなブランドのサイトを見て、華やかな色彩の、私が着られそうなウエアを探す日々となりました。私の年齢で花模様は着られるかな? と思いましたが、似合わなかったら孫娘に着てもらおうなどと勝手な理屈をこじつけて、自分を納得させました。

ネットで買い物をすると、これまでは、気に入らなかったらどうしよう、などという心配が先に立ちましたが、遅まきながら、返品やサイズの交換などは自由に出来るのもわかり、気軽に注文出来るようになりました。気を付けなければいけないのは、サイトでの色彩です。白だと思って注文したところ、うすく紫の模様が入っており、違う商品だと思い送り返したところ、また同じものが送られてきた、などという事もありました。かなり以前からネットショッピングを便利に使っていた友人が「返品が出来るようになれば一人前」と言っておりましたが、そのとおりだと思いました。私の母が原稿の校正をファックスで送るのに、「ファックスは信用出来ない」と言っていたのを私は馬鹿にしておりましたが、その友人から見れば、私も母並みだったのでしょう。母流に言えば、「どんな災いの中にも楽しい事が見つけられる」という事でしょうか。それを聞いた当時は「嘘つけ、

くそババア」と思いましたが、あながち嘘でもないというのがコロナ社会での発見です。

そんなある日、とうとう私の頭の中で描いていた花模様のスカートを見つけました。喜び勇んで注文のキーを押したところ、既に完売とありがっかりしましたが、人気だったらしく、またすぐサイトに登場しました。送られてきたスカートは、私の思ったとおりのものでした。どのように着ようかと想像し、しばしコロナ社会も忘れました。

私の欠点だと自分でも気が付いているのですが、新しい服を着る時に、合わせる小物の色や形がひどく気になり、全部が揃わないと着る気になりません。それは服だけではなく食器など、身の回りのかなりのものに、同じような事が起こります。色がぴったり揃いすぎて、失敗する事も度々です。

まずスカート丈を自分の好きな丈に直し、トップスにはGジャンを羽織る事にしました。靴は以前から気になっていた〝フェラガモ〟のジーンズ地のバレエシューズがぴったりだと思い、得意のネットを見てみました。今まではちょっと高額のものを買う時には、「自分はお金のかかるゴルフをやらないからよいのだ」という自分勝手な理由をこじつけていたりしましたが、さすがの私もバレエシューズのお値段にはびっくりして、はるかにお安いものにいたしました。

バッグはまだ決まっていませんが、コロナのために家で過ごす時間の合間に、ゆっくり考えます。


イヤリング、ネックレス、時計は、お気に入りのブランド、〝ジョージ ジェンセン〟のもの。デンマークの国花であるデイジーのイヤリングが、ショートカットによく映える。

三宅一生さんとのエピソード

私が二十代の頃のある日、デパートをぶらぶらしておりますと、ある売り場に下がっている大きなパネルが目に留まりました。それには、訪れる人をじっと見つめるようなやさしい目をした青年の写真と共に〝鬼才の新進デザイナー、彗星のようにあらわる〟というような文言が添えてありました。そのやさしい目の裏に、鬼才が隠れているのかしらと思いました。

遠い記憶の中の思い出を掘り起こしてくれるような、心をひかれる様々な生地の洋服が売り場に並んでおり、その中のシャツを二枚買って帰ってきました。

いかにも母が好きそうでしたので、事の次第《しだい》を話して買ってきたシャツを見せますと、澄ました顔で「あら、そのデザイナーの人をあたしは知ってるわ。三宅一生《みやけいっせい》さんというのよ」と言いました。私は内心「また駄法螺《だぼら》ふきが、知ったかぶりを」と思いましたが、買ったシャツの袋に入っていたデザイナーの説明書きを見ますと、確かに〝三宅一生〟とありました。

何故《なぜ》彼の事を知っていたのか聞いてみますと、母がかかわっていた銀座の「こうげい」

という着物のお店に、彼が学生の頃、時々訪れてくれ、その度に織物や日本文化の話をして時の経つのも忘れ、楽しいひとときを過ごしたというのです。まんざら嘘ではなさそうでしたが、新たな疑問が湧いてきました。それは何故私が買ってきたシャツを見ただけで、

ひと目で覚えられてしまいそうな服はあまり着ないという桂子さん。一方で「おしゃれには意外性も必要よ」と、〝イッセイ ミヤケ〟の白のデザインワンピースに身を包んで。足元はデイリーに履ける〝ル タロン〟の白のフラットシューズで全身の色を統一。武相荘の母屋の前でにこやかに。

一生さんのデザインだとわかったのかしら？　という事でした。

彼女に聞いてみますと、「あの生地とデザインを見れば、彼の顔が見える」と言うばかりでした。変人の頭の中の構造はわからないものです。

それから彼女はせっせとうれしそうに、一生さんの洋服を買い始めました。その多くは今でも着られます。彼女の生涯で最後に手に入れた洋服は、一生さんの物です。一度も彼女が袖を通さなかった、そのワンピースは、亡くなった病院で着せていただきました。

彼が時折、我が家を訪問してくれた時などに、母は陶器や織物などを次々とお見せして、うれしそうにしておりました。彼は必ず次のシーズンの作品に、その時に母がお見せした物の印象を反映させており、その事に母は感心しておりました。新作のファッションショウなどにもご招待いただきましたが、無礼者の母親は、一生さんに「その場で買えないなんてつまらない」と言い放ち、二度と行こうとしませんでした。骨董市か何かと勘違いしていたようです。

父がプライベートで愛用していた一生さんの服

喜々として一生さんの洋服を着ている母を見て、父は自分も欲しいと言い出しました。

当時はメンズがなかったのか、彼のサイズがなかったのか、定かではないのですが、なんと注文で、彼はスタンドカラーのシャツを何枚も作っていただいていました。そのスタンドカラーのシャツは、いかにも一生さんらしいアースカラーというのでしょうか、落ち着いた色彩のチェックや無地の、着心地のよさそうな麻や木綿でした。スーツを着てネクタイをするような都内でのお出かけ以外は、殆《ほとん》どの時間をそのシャツを着て過ごしておりました。何故か半袖を着ない父は、ゴルフをやる時もそのシャツを着ておりました。どなたかに褒められようものなら、ドヤ顔で得意そうに「〝イッセイ ミヤケ〟のシャツだ」と言うのが常でした。

彼の欲望は留まる事を知らず、とうとう裏地が毛皮で表地がコットンギャバジンになったハーフコートまでお願いしてしまいました。

私の手許《てもと》に、父が亡くなる直前に珍しく母と二人で旅行に出かけた時の父の写真が残っています。私が知る限りで、二人だけで旅行に出かけたのは、初めての事です。その写真に写っている父は、そのハーフコートを着ております。母の最期の衣装が一生さんのものであったことと、数日後に死を迎える時に父が着ていたコートとが、何か一本の線で繋がっているように思えました。

図に乗った父は、とうとう人気モデルのみどりちゃんと並んで〝イッセイ ミヤケ〟の服を着て写真におさまり、写真集に登場する次第となってしまいました。父はきれいなモデルさんも参加するパーティーがショウの後にあるために、ショウのご案内を頂く度に行きたがりましたが、一人で行く勇気はなく、いつも「娘の私に言われてしょうがなく行くのだ」というストーリーを作っておりました。

二人揃って次から次へと勝手な難題を吹っかけてくる私の両親には、さぞ一生さんは閉口されたと思いますが、嫌な顔一つせず付き合って下さいました。

年齢を重ねたからこそ着てみたくなったわけ

この本にも何度か、〝イッセイ ミヤケ〟のウエアが登場しております。いかにも私のクローゼットは〝イッセイ ミヤケ〟で溢《あふ》れているようですが、両親が着ている服を横目で見ながら、ほとんど着る事はありませんでした。〝イッセイ ミヤケ〟の服は、ほとんど一目でブランドがわかり、意志を持っているように見えました。服ばかりが目に入り、着ている自分の存在など消えてしまうように思えました。
〝イッセイ ミヤケ〟を着る人というのは、私のように怠惰な人間ではなく、知り合いのA子さんのように社会的にもバリバリ仕事をこなし、家庭的にもきちんとしている人達だという確信に近いような思いがありました。事実、彼女達が「海外の仕事に行く時に〝イッセイ ミヤケ〟が便利なのは、皺にならず洗濯も簡単で、一晩で乾くからよね」などと言っているのを聞くと、服に負けない彼女達の存在感を羨ましく思ったものです。

それが何故この期に及んで〝イッセイ ミヤケ〟を着るようになったかと言いますと、ある時、ふと、何故私の両親はなんの違和感もなく、〝イッセイ ミヤケ〟を着ていたのだろう、と思った事に端を発します。彼等はバリバリ仕事をこなすような人達ではなく、私生活もきちんとしていたわけではありません。思いいたった結論は、なんのことはない、年を取っているという事でした。

年齢なら十分だと思い、思い切って〝イッセイ ミヤケ〟の服に袖を通してみますと、以前のように拒絶されるような感じはまったくなく、すんなりと受け入れてくれました。相変わらず私が着ていると「〝イッセイ ミヤケ〟の洋服ね」と必ず言われますが、「そうさ、いいだろ」と答える余裕も生まれてきました。今から思うと、すべてが自分の頭の中で作り上げた、自意識過剰のなせる業だったと思います。遅まきながらでも気が付いてよかったと思います。

両親の人生の最後の数年間を嫌な顔一つしないで、度々お付き合いして下さった一生さんに感謝したいと思います。両親が亡くなって、手の平をかえすような態度をとる人達も多くいた中で、彼の私に対する態度は変わる事はありませんでした。

何十年も前に写真の中で見た彼の瞳の中のやさしさは本当のものでした。

秋

門前の禅《ぜん》寺《じ》丸《まる》柿《がき》が実る頃、武相荘は秋を迎える。
紅葉が燃えるように色づく中、温もりを感じる装いで、
ゆったりと流れる時を慈しむ。

二十年来、ソールを張り替えて愛用しているという〝タニノ・クリスチー〟の乗馬ブーツ。かつてイタリアにあった名門ブランドの銀座店で、イタリア人のスタッフに小さめサイズを勧められて購入。脱ぎ履きには不便だが、確かにすっきり見えるのだそう。

武相荘カジュアル

カジュアルという言葉を耳にすると、いつも思い出す事があります。

十数年前からでしょうか、世の中の流れが省エネとなり、冷房の温度を抑えるために、暑い時期には男性がクールビズと称してネクタイなしで仕事をするという風潮になってきました。当初、銀行なども金曜日をカジュアルデーのように決めていた時期がありました。

その当時、金曜日に銀行に行きますと、いつもの見慣れた光景とはまったく異なり、女性は皆さん、おなじみの制服姿ではなく、それぞれの私服で、お休みを前にした楽しさなども感じられました。男性陣のお若い方々は普段のダークスーツとは打って変わって、カラーシャツやボタンダウンのワイシャツなども見受けられ、いつもとはまったく違う雰囲気を醸し出していました。

問題は中年以上の方々で、殆《ほとん》どの方がポロシャツなどで、ゴルフに行かれる時と同じに違いないというスタイルでした。仕事上の重責からか、また彼等の若かった時代には、男性がファッションなどに気を遣うような風潮もなかったからか、管理職の悲哀が感じられました。

半袖の背広などという、妙な物を着る政治家の方も出現しました。まさかそれだけのためではないでしょうが、世間的にもあまり評判がよくなかったせいでしょう、銀行のカジュアルフライデーも半袖背広も、いつの間にかなくなりました。

愛着のお古はホームウエアに

外出する時のために購入したものを、「古くなったからといって、カジュアルやホームウエアにしてはいけない」という記事を、時々ファッション雑誌などで見かけますが、私はそうは思いません。

よく小さな子供が毛布やぬいぐるみなどを、肌身離さずにいるのを見かけますが、私にもそのようなところがあり、もちろん外出する時に着ていたスーツなどは論外ですが、大好きなセーターなどは穴が開いても捨てられず、直して家で着ています。流行などあまりないように思えるジーンズも、お出かけ用の少し前の物はウエストが低く、ウエストに比べヒップの小さな私には、ベルトをしてもずり落ちてきて困ったものでしたが、やっとジーンズもジャストウエストの時代を迎えて、ほっとしています。御用済みになったジーンズは、膝のあたりで切ってサスペンダーをして、家で着ています。

武相荘での
いでたちについて

私が結婚した頃は時代の違いでしょうか、働く女性はあまりいませんでした。私も三食昼寝付き（今では死語でしょうか）を決め込んで、ごろごろしておりました。それが両親が逝った後に一変しました。

　住み手がいなくなり無人になった、がらんとした茅葺《かやぶき》の家を見て、私は何か可哀そうに思えて、その家を父が武相荘と付けた名前そのままに、「旧白洲邸 武相荘」として一般公開に踏み切りました。着古した洋服に愛着を感じるのと、同じような感覚でした。

　私の家と武相荘は至近距離にあり、一般道を通らないですむために、両親の存命中は着るものなど何も考えずに、それこそ膝のところで切ったジーンズにTシャツなどで行き来しておりました。しかし、いざ武相荘を公開してみると、大勢の方達が来館して下さり、

〝ジョルジオ アルマーニ〟のテープニットに、グレーのジーンズを合わせて。武相荘に顔を出す日や、ギターのお稽古などには、こんなカジュアルな服装で。靴は〝レペット〟の『ZIZI』。軽やかな履き心地が魅力なのだそう。

夢を売るような武相荘におります私が、膝のところで切ったジーンズでは申し訳ないような気持ちがしてきました。

私の友人が、常日頃とてもきれいな服装の方のお宅を突然訪問したら、いつもとのあまりの落差に仰天《ぎょうてん》し、一瞬どなたかわからなかったと言っていた事がありましたが、いくら慣れ親しんだ家でも、そのようではいけないと思いました。と言って、最寄りの駅から小一時間かかる都心に行くのと同じ服装というのは、場所柄、抵抗がありました。靴などもパンプスなどは、土の地面の庭ですのでヒールがめり込んでしまい、不向きです。

余談ですが、母が存命中のかなり以前の事、林真理子さんが出版社の依頼でお越し下さった事があります。私は留守にしていて、お目にかかりませんでしたが、後で母から聞いたところによると、林さんはとてもファッショナブルなスタイルで、きれいなヒールを履いてみえたそうです。そのヒールが庭の土にめり込んで、「お気の毒だった」と言っておりました。

父と母のカジュアルの思い出

都心で生活している方々にはおわかりにならないでしょうが、交通が便利になった現在でも、〝東京に行く〟という言い方が、(よそのご家庭はわかりませんが)我が家ではずっと健在です。都心に住んでいる友人に、〝東京は……〟と言って笑われる事もしばしばです。母の実家は大磯でしたので、〝東京に行く〟という言い方には抵抗はなく、父が青春時代を過ごしたイギリスでも、ロンドン郊外に住んでいる方々は、〝ロンドンに行く〟という言い方をしていたそうです。もっとも、既に通勤圏になったこのあたりには、相応《ふさわ》しい言い回しではないかもしれません。

父が連れて行ってくれたイギリス人の友人の田舎の家（カントリーを田舎と訳してよいものかどうかわかりませんが）では、男性は判で押したように、トゥイードのジャケットにウールのチェックのワイシャツ、インドシルクのスカーフというスタイルでした。父はというと、皆さんとまったく同じスタイルで澄ましていましたが、鶴川の家（武相荘）では、「浴衣にどてらだろう」と思うと、なんだかおかしくなったのを覚えています。郷に入れば郷に従えというのでしょうか。もっとも欧米では自分の部屋を一歩出たら、そこはパブリックだそうですので、日本とは違うなと思います。我々の家の中は、すべてが浴衣にどてらのプライベートです。

女性はというと、トゥイードのスーツやレザーのジャケットなどで、明らかに都会にいる時とは異なっていました。「イギリス人の女性は田舎にいるとスマートだけれど、都会じゃだめだ」というのが、その根拠がわからない父の意見でした。ちなみに一番はフランス女性だそうです。

当時のイギリスは現代と気候が違っていたためか、夏服というものがなく、インドなどの植民地に赴くために、「カジュアルに麻のスーツなどを取り入れるようになった」と父が話してくれた事があります。

大磯に住んでいた母は、自分の母親が病弱だったせいか典型的なお父さん子で、日曜日にしばしば彼に連れられて、横浜の「ホテルニューグランド」でお薬味のたくさん付いたカレーを食べて、当時横浜にあったイギリスのデパート「レーン・クロフォード」に、イギリスに注文した洋服を取りに行くのが「楽しみだった」という話を折に触れしておりましたが、必ずその時に、彼は「白い麻のスーツにパナマ帽だった」と付け加えるのが常でした。私の育った時代に比べると、おとぎ話のように聞こえましたが、母にとっては、とても楽しく懐かしい思い出のようでした。私はあまりに何度もその話を聞きましたもので、その幸せそうな父と娘の光景が、自分の経験だったように目に浮かぶようになってしまいました。

カジュアルな服装とは、都会にいる時の服装とはまったく違うものだと意識しだしたのは、両親の影響なのでしょう。

毎日顔を出す武相荘では、ホームウエアではないカジュアルな服装をしていましょうと心がけています。

思い出の白いシャツ

私が初めて白シャツに関心を持ったのは、十代の半ば頃だったと思います。その頃の私は殆《ほとん》ど人と会話をすることもなく、（今思うとチャンチャラおかしいのですが）世の中に背を向けているようなところがありました。その上、身内に私の服装を痛烈にけなす者などもいて、そんな事を親に言いつける事も出来ず、なるべく目立たない色や形の服を選ぶようになっていました。

そんな時に見たフランス映画の『ファンファンラ チューリップ（花咲ける騎士道）』のジェラール・フィリップの白いシャツ姿が記憶に強く残りました。同時に、母の書棚から抜き取ってきたスタンダールの『赤と黒』（映画は見ませんでしたが）で同じく主演を務めたジェラール・フィリップの、白いシャツを着ていたに違いないジュリアン・ソレル役も心に残りました。

十八世紀の男性のドレッシーなたっぷりとした袖のシャツは無理だとしても、男性の白シャツを着てみるのも、その頃の私の世の中に背を向けるような気持ちにぴったりで、悪くないと思うようになりました。しかし困った事に、当時はレディースの白シャツなどは存在せず、せっかくの私の思い付きは実現しないと思われました。

ある朝、外出の支度をしている父の姿を見て、父の白いシャツを着てやろうという素晴らしい考えが浮かびました。その場で父にワイシャツのお古をねだり、意気揚々と自分の部屋へ戻り、早速、袖を通してみました。結果は想像していたのとは大違い！　大男と言ってもよい父のワイシャツは、私が着るとワンピースになってしまいました。子供の時から誰に教わるでもなく手仕事が好きだった私は、ワイシャツのリメイクの暴挙に出ました。結果は皆様のご想像のとおりです。さんたんたるものでございました。

まったく余談ですが、母が亡くなった後に、母の箪笥《たんす》から、私が子供の頃に、誕生日のプレゼントとして作って贈った小さな布のスリッパが出てきました。彼女は「私が死んだら、このスリッパはお棺に入れてちょうだい」と言っておりましたのを思い出し、後日お墓の側に埋めてきました。

理想の白シャツに出会うまで

無残な姿になった父のワイシャツを見ても諦めきれず、おこづかいをはたいてスモールサイズのワイシャツを買う事にしました。これも胸のボタンが留まらずに失敗に終わりました。失敗の教訓から、次に思いついたのは、太った男性のためのワイシャツでした。お店の店員さんに「お父さんの？　感心ね」などと言われ、父の姿を思い浮かべながら、複雑な気持ちになりつつ購入してきました。結果は大成功でしたが、よく見るとボタンがプラスティックでしたので、無残な姿になっても捨てられなかった父のワイシャツからボタンを取り、太めのシャツに付け直しますと、見違えるようになりました。ジェラール・フィリップとは程遠いかもしれませんが、最初に彼の白いシャツから得たイメージにはかなり近いものだと自負し、満足感に浸りました。

　ボトムズに何を合わせるかが、次の課題となりました。スタートからの流れで、どうしてもスカートではなくパンツだと思いましたが適当なものがなく、はきなれたジーンズにする事にしました。着ているもので満ち足りた気持ちになれるのを、知る事が出来たのも大きな収穫だったと思います。

　そんな私の姿を見て母は「あら、シャツウェイストじゃないの」と言いました。初めて聞く言葉でした。その時は何も思いませんでしたが、母の口から出たその言葉は、その時以来、二度と耳にする事はありませんでした。今となっては知るよしもなく、勝手な私の想像ですが、彼女が若い時を過ごしたローリングトゥウェンティーと言われている一九二○年代のニューヨークあたりで使われていた、女性用のシャツを指す言葉のように思えます。その頃のニューヨークは物の本によれば、徐々に女性の権利が主張され始めると同時に、ビクトリア時代の体を締め付けるコルセットなどから解放されて、女性にもパンツス

武相荘のレストランの入口に佇《たたず》む桂子さん。ぴしっとした〝UNIQLO〟のシャツに、ふんわりと広がる〝ジル サンダー〟の濃紺のスカートを合わせて。手に持っているのは、ストラップを中に入れるとクラッチにもなる〝シャネル〟のバッグ。白シャツはジーンズでカジュアルに、マニッシュに着こなす日もあるそう。

タイルやショートヘアーが流行し始めたそうです。

晩年になっても、新しもの好きだった彼女らしく、超ワイドなパンツに男性のようなシャツを着て、「どうだ！」と言わんばかりに顎《あご》を上げた、得意満面の母の写真を見た事があります。

大好きな白シャツのスタイリング

しかし時が経つと生じる〝飽きる〟という現象が起こり、物足りない気持ちが心を支配するようになってきました。

その頃、顔見知り程度の同世代の知り合いに、偶然会う機会がありました。彼女の家庭は裕福で、すらりとしたスタイルと透き通るような美貌で、その上、目を合わせると、ふっと無意識のうちであろう親しみを含んだ笑みが浮かぶような表情の持主で、天から二物も三物も与えられたような人でした。彼女の服装は、常に彼女の長所を引き立てるような抑えた色彩とスタイルで、それを見るのが私の楽しみの一つでした。

その日の彼女のスタイリングは、白に黒いストライプの入ったシャツと共布のフレアーに軽くギャザーの入ったスカート、ウエストには黒いベルトを合わせていました。一瞥《いちべつ》してその素晴らしさに、雷に打たれたような衝撃を受けました。シャツにスカートは合わないと思っていた私の考えは何処かへ飛んで行ってしまい、スカートにシャツもなかなかのものだというふうに、考えが瞬時に変わってしまいました。その頃から、ちらほらとレディースのシャツも見かけるようになり、だんだんに太った男性用のシャツを着なくてもすむようになりました。

それ以後、長い間彼女に一度もお目にかかっていませんが、彼女は年を重ねて、きっと今でも素敵なファッションを身に纏《まと》っていらっしゃると思います。

どうも人間とはしょうがないもので、私などは往々にして、自分の現実とはかけ離れた顔やスタイル、性格を好む傾向にあります。本来、私は大好きな白シャツに、無地のスカートやパンツを着るタイプではないと、徐々にわかってきました。では何なら似合うのだと聞かれると返答に困るのですが、ある時から、自分の好みだからと言って似合わない洋服を着て、それに自分を無理やりはめ込む暮らしには疲れてしまい、しばらく白シャツから離れていた時期があります。最近は自分が好きならいいじゃないかと思えるようになり、白シャツにカムバックしました。

女心と秋の空です。

TPOSを忘れずに

ひと言でTPOSと申しましても、とても広い範囲の事だと思います。

もともとは流通業界の言葉らしいのですが、私の暮らしている狭いであろう社会では、どんな時に、どんな所へ、どんな動機で、どんなライフスタイルの人達と会うために、どんな装いをするかという事ではないかというふうに、今までその事についてあまり考えていなかった私は、遅まきながら気が付きました。

TのTIMEというどんな時にといっても、夜が生活の主な時間帯の飲食業やタクシーの運転手さんのような人もあれば、豊洲市場などのように、早朝が生活の主な時間帯の人もいます。PLACEのどんな場所で、OCCASIONのどんな動機で、STYLEのどのようなライフスタイルで、というのもその人によってまちまちのような気がします。

私の勝手な思い込みかもしれませんが、お呼ばれした時のホストやホステス、また同席者によっても装いが違ってきます。ファッションに非常に関心の高い人達の集まりだとすると、「負けちゃいられねー」という気になりますし、スポーツを好きな方達だとカジュアル感を意識して、光るような素材は避けて、などと思います。また、夫婦でかけ離れた装いをしないようにも心がけています。出かける支度が終わってから、どちらかが慌てて着替えたりすることも時々あります。

初めてのドレッシィングガウン

外国になると、想像出来ないような事もあります。私が初めてヨーロッパに父と出かける事になった時に、支度について母は無関心でしたが、突然、父が私のためのドレッシィングガウンがないと言い始めました。彼が見せてくれたのは自分の物で、時々、映画で観た覚えがあるような、カーテンに付いている紐のようなもので襟や袖に縁取りしてある代物でした。今からかなり前の話ですので、現在はどうなっているか知るよしもありませんが、寝間着の上にドレッシィングガウンさえ着れば、人前に出てもいいという、ありがたーいものらしいのです。

欧米ではいくら自分の家でも、自分の部屋だけがプライベート、一歩出ればそこはパブリックだと区別しているのではないかと、しばらくヨーロッパで暮らしてみて気が付きました。ホテルの部屋でも、誰かがノックしたら、取りあえずドレッシィングガウンさえ着れば、王様が来ても恥ずかしくないようです。

父と温泉などの旅館に行くと、彼は私が旅館にある浴衣を着て、部屋から出るのを「そんな恰好《かっこう》でうろうろするな」と言って、とても嫌がりました。そういうものだというふうに思い込み、不思議にも思いませんでしたが、今となっては手遅れで、旅館で浴衣を着て過ごすという事が出来なくなってしまいました。温泉地でお揃いの浴衣を着て、お散歩をしている方達を見たりすると、羨ましくなる事もあります。半端なイギリス人のような父にとっては、旅館の廊下はパブリックだったようです。

さて、いざドレッシィングガウンを買いに行く事になりましたが、売っている店がわからず、既製服のなかった当時は当たり前だったように、洋裁店に注文して作ってもらいました。出来上がってきたドレッシィングガウンなる物は、ヘチマ襟のえんじ色のコーデュロイで、同じ布のベルトが付いていました。何か初めての外国旅行が現実味を帯びてきて、うれしかったのを覚えています。

それから数年後にイギリスの父の友人の家で、朝早く、何かを聞こうと思って彼の部屋をノックをしたところ、お酒をこよなく愛していた彼は、〝モーニングティー〟と称していたシャンペンの瓶を片手にぶらさげて、父のプレゼントに違いない絣地《かすりじ》のどてらを着て現れました。彼の理解では（父に教えられたのかもしれませんが）、どてらは冬用のドレッシィングガウンだったのでしょう。

今は武相荘のレストランになっている鶴川の家の食堂で、朝、どてらを着て一人で黙々とコーヒーを淹《い》れたり、果物を剝《む》いたりしている父の姿が目に浮かび、彼もドレッシィングガウンを着ているつもりだったのか、と思いました。

イギリスで体験したＴＰＯＳ

やはりイギリスでの事ですが、父の若い友人のお母さまが入所していた老人ホームにうかがった時の事です。ちょうど午後も夕方に差し掛かった、彼等が大好きなお茶の時間の直前でした。「ご一緒にどうですか」と言われて、大きなリビングのような部屋で待っておりますと、お散歩を終えた方達が、付き添いと一緒に帰ってきて、各自の部屋に戻っていきました。

しばらくして次々と部屋から出てきた彼らを見てびっくりしましたのは、皆さんがお召し替えをして、女性の方達は帽子まで被《かぶ》っていたことです。またディナーの際にも、今度は夜の服に着替えると聞いてとても驚きましたが、大変失礼ながら、かなり認知症の進んだ方達もいらっしゃり、内心「着替えなんかしなくたって、わかりゃしないじゃないか」と思いましたが、認知症でもその人の人間性を尊重して、ＴＰＯＳの装いを大事にしている老人ホームの方針を素晴らしいと思い、自分の暮らしの中でも、誰も見ていないから何を着ていてもいいじゃないか、という考えは改めなくてはと思いました。

しかし誰も見ていないという事は、ちょっと着てみたいと思うような色や形のものを試してみる事の出来るチャンスです。まあ失敗のほうが多いですが……。最近の失敗例ですと、少し前に流行《はや》った裾が広がったTシャツです。若い方達が着ているのを見て、店員さんの前で試着する勇気もなく買ってきましたが、家に帰って着てみると、バーさんの幼稚園児がスモックを着たようで、とても人様の前に出られる代物ではありませんでした。

以前は冒険をして失敗したら、簞笥《たんす》の肥やしになって、もったいないと思って二の足を踏んでいた新しい試みも、結婚した息子の二人の娘と、彼女らのお母さんが引き受けてくれるので、気が楽になりました。

TPOSで周囲も心地よく

日本でも、例えば着物には、袷《あわせ》を着る時期と、単《ひとえ》を着る時期が決まっていたり、また振袖は結婚前の女性が着るものだとか、以前は着物の着方などでもその人の職業や立場などもわかったようです。着るものどころか、結婚したら丸髷《まるまげ》だなどと、髪型にも制約がありました。現在ではそのような決まりもやや希薄になってきたようですが、お茶会や会合など着ていく場所で、細かい制約があるようです。

我々が洋服を着始めて百年以上経ちますが、僭越《せんえつ》ながら、何故《なぜ》か洋服のTPOSはまだまだのような気がします。長い間の伝統には、根強いものがあります。

我々の武相荘のレストランなども、ド田舎ですが、気候のよい夕方などに、素敵な装いのカップルや、ご家族連れなどがお食事を楽しんで下さる景色を見るのは、とても気持ちよく、楽しい気持ちになりますが、そこに短パンにゴム草履という風体の方が来られると、その場の雰囲気が一気に壊れてしまい、他のお客様に申し訳なく思います。

〝45R〟のタートルの色に合わせた花柄のストールを羽織って華やかさを。グレーのカーディガンとストールはともに〝サンローラン〟で、長年愛用している物だそう。

巡る季節と着こなし

日本には衣替えという習慣があります。大きく分けますと、十月一日から翌年の五月三十一日までは冬服、六月一日から九月三十日までが夏服です。その上、着物ではその柄などによって、着る時期が決まっていたりもします。花の柄だったりすると、咲く時期の少し前に着るとか、細かい規則があるようです。着物ばかりではなく、建具《たてぐ》や食器などにも季節ごとの決まりがありますし、庭園にもあるようです。

両親が時々、我が家のようにして、しばしば滞在していた京都の旅館のおかみさんが、家の衣替えのように、宿を夏支度にするのを見た事があります。家中の襖《ふすま》を取り払い、いかにも涼しそうな簾戸《すど》をお蔵から出してきて手際よく入れ替えていき、暖簾《のれん》なども夏用にして、みるみる夏の風情に変わっていくのは魔法を見るようでした。現代では気候や生活様式もかなり変わってきて、そのような習慣は薄れてきているようですが、多分、世界に類を見ない、いかにも日本らしい素晴らしい習慣だと思います。

このように書きますと、いかにも私がそのような暮らしをしているように聞こえますが、実は見聞きして、素晴らしいと思っているだけです。出来ないくせに、前世の呪いのように、衣替えという意識が妙に頭に残っているのを感じます。時々、作った料理を盛るお皿や箸置きが季節はずれだったりすると、誰も文句を言うわけではないのに、あたりを見回して慌てて取り替えたりはします。

私に衣替えの習慣がないのは、親のせいにするようですが、確かに私の育った家の夏の支度は、廊下のところのガラス戸を網戸に替えるぐらいが関の山だったからでした。

両親も、彼等の衣類は一年中、洋服簞笥《だんす》にかけっぱなしで、衣服の入れ替えなどをしているのは見た事がありません。しかし二人ともどういうわけか防虫剤が大好きで、部屋中、匂いが充満するほど使用しておりました。父は普段、殆《ほとん》ど袖を通す事のない燕尾服などは、母が嫁入りの時に持ってきた長持ちに、彼等の暮らしの足跡のような衣類と一緒にしまっており、あまりの防虫剤の匂いゆえに、着る三、四日前に取り出しておりました。必要な物を取り出しながら、母のえんじ色のベルベットの靴とお揃いのバッグなどを見つけて、戦争前の平和だった夢のような時代の船旅の話などを聞くのは、楽しい時間でした。

子供の時に、六月一日に冬服を着ていた人や、十月一日に絽《ろ》の喪服を着てお葬式に来た人を非難する会話なども聞いた事があります。その意識のせいでしょうか、夏服、冬服の制約の少ない洋服でも、気候に合わせることが出来なくて、衣替えの日にちに従ってしまいます。秋の気配が忍び寄ってきているような九月のちょっと涼しい日にも、十月になっていないからという理由だけで、夏服を着て出かけて行って、一人浮いていたりします。

逆に、当然夏服を着てもよい気候なのに、まだ五月だからという理由だけで汗びっしょりになったりするのもしばしばです。どちらかというと、こちらのほうがつらいです。

若い頃の私を変えた一枚の夏服

これから寒い冬になるという十月の衣替えより、これから明るい夏だという六月の衣替えのほうが、気持ちが沸き立ちます。

若い時の私は、自意識過剰というのでしょうか、人目を引くような色やスタイルの洋服を着るのを極力避けてきました。いつも地味な色で、平凡な形の服を着ていました。その上、自分から積極的に人に話しかけたりすることもせず、心の中では色々な思いが渦巻いているくせに、いつかわかってもらえるのだろうなどと思っていました。美容院に行っても、どのようにしたいかも言えず、洋服を買いに行っても気に入らないのに買ってしまったり、思い出しても後悔ばかりです。

私と正反対の母はそんな娘が理解出来なかったらしく、常々、「自分の考えをはっきりしないと、今にひどい目に遭う」と言って脅かしては、また自分の世界に戻っていってしまうのですが、出来ないものはどうにもなりません。

それがある夏の衣替えの時期に、急に今まで絶対に手を出さなかった、明るいブルーの

「ひと目で気に入ったのよ」と桂子さんが言うチェックのシャツは〝ポロ ラルフ ローレン〟。同ブランドのチノパンツと、肩からかけたキャメルのニットで、秋を先取るシックな色合わせに。時計は〝ピアジェ〟、スリッポンタイプの靴は〝タニノ・クリスチー〟。

洋服を買いました。その洋服を着た途端に、シンデレラの靴を履いたように、すべてが変わりました。自分でもびっくりするようにお喋りになり、着るものって大事だなと思いました。時々、以前の私のような若い人に遭遇する事があります。積極的に話しかけると、うれしそうにしてくれます。無言でお礼も言わず、ぶつかっても謝りもしない若者との違いは、すぐわかります。

祖父と父が着ていた白い麻のスーツ

私が子供の頃、時折、母が連れて行ってくれた彼女の実家で、(今まで誰にも言った事がありませんが) 夏の時期に私が密かに見るのを楽しみにしていた事がありました。夏の暑い日に、祖父が出かける支度をすませて、玄関からギラギラした夏の太陽の下に、パナマ帽を片手に真っ白な麻のスーツを着た姿で現れると、太陽で明るいその場が一層明るくなる、その一瞬を見るのが大好きでした。今では夏に麻のスーツなどお召しの方はあまりお見かけしませんが、当時はちらほらとお見かけしたものです。

麻のスーツを若い時に着ている父の写真は見た事がありますが、実際に着ているのを見た事がないのを、不思議に思って父に尋ねた事がありました。

英国かぶれの彼によりますと、英国には夏服というものがなく、麻のスーツは植民地や避暑地で着るものだそうです。東京は避暑地でないから着ないのだと言っておりました。何故《なぜ》、昔は着ていたのかと尋ねますと、曖昧《あいまい》な笑いを浮かべながら、何処《どこ》かへ行ってしまいました。私はその父を見て、以前彼が話してくれた事の中で、思い当たる事がありました。

それは彼がまだ若かったある日、彼の尊敬する年長者の方の事務所に呼ばれたそうです。彼はおろしたての新しい麻のスーツを着て出かけて行きました。何があったのか、教えてくれませんでしたが、その事務所のドアを開けた途端に、インク壺が飛んできて、なんとおろしたての真っ白の麻のスーツに命中して、インクだらけになってしまったそうです。心の底から、くそジジイと思ってインクだらけのスーツで、しょんぼりと自分の事務所に帰ってきますと、「○○さんのご依頼で、ご注文の麻のスーツの採寸にまいりました」と洋服の仕立て屋さんが待ち受けていたそうです。

自分のインクだらけのスーツより、はるかに上等なスーツを手に入れた父は、くそジジイと思った事などケロリと忘れ、いずれ自分も彼のように立派な人間になって、同じような事をやってみたいと思ったそうです。彼がインク壺を誰かに投げつけたという話はとんと耳にした事がありませんので、出来なかったようです。

私の想像ですが、彼の中でその時以来、麻のスーツは戒《いまし》めとして、生涯着ないと誓ったのではないでしょうか。そう思ったのは、娘の美化のし過ぎでしょうか。

Démodéにならないために

フランス語のDémodé（デモデ）という言葉は、辞書を引きますと、「流行遅れの」とか「旧式の」とあります。

着るものにまったく関心のない人というのは、殆《ほとん》どいないと思いますが、デモデとは、ファッションや生活に高い意識を持っていらっしゃる方達が共有する、ある感覚を表す言葉だと勝手に思っています。人によっては、デモデのことを単なる流行遅れだとか、古いものだというふうに思っているようですが、私の勝手に思っているデモデは違います。

私が小耳に挟んだところによりますと、香港の富裕層は、ワンシーズン着た洋服は決して次のシーズンには着ないなどという、（私などには考えられない）ありえない事をしているそうです。彼等の中では、前のシーズンのものはデモデになってしまうのでしょう。

私はロングブーツが大好きです。特に、パンツをブーツの中に入れて履くのが大好きでした。しかしこの数シーズンは店頭でもあまりロングブーツを見かける事はなく、また巷《ちまた》でも履いている方をほとんど見かけませんでした。

何か、小さな子供が大好きな玩具を取り上げられたような気になりました。しかしどうしても諦めきれず、スカートに合わせてみる事にしました。結果は（独りよがりかもしれませんが）、私の中で、ブーツがデモデでなくなりました。不思議な事に、ブーツも最近の流行の靴屋さんの物ではなく、昔からコツコツと作っている靴屋さんの物に限る事もわかりました。

デモデにならないイギリス紳士の不思議

以前から不思議に思っている事があります。それはイギリス（勉強不足のため、よその国の事は知りません）の男性の洋服です。

私の父などの着ていた洋服を思い出してみますと、一九五〇年代の終わりから六〇年代にかけてロンドンで作った洋服は、彼が他界するまで着続けていましたが、二、三十年前に作られた洋服には見えませんでした。また数少ないイギリス人の友人は、亡くなった父親が着ていたというコートを、今も違和感なく着ています。

日本語が堪能な彼等ご夫妻が、外国人など殆ど見かけないだろう日本の地方都市で電車に乗っていたところ、学生服を着た高校生が乗ってきて、見慣れない西洋人の彼等を見て、口々に「あの人達はイギリス人だ」と言い出したそうです。不思議に思って、「何故《なぜ》わかったのか」と聞いてみると、「だってコートがイギリスのだ」と答えたそうです。多分、その高校生達は何かの本などで、何年もスタイルを変えないイギリスの洋服の写真か何かを見たのだと思われます。と言って、イギリスの洋服がまったく変わっていないわけではなく、そんなに昔ではないだろうシャーロック・ホームズの時代でも、現代のイギリスの紳士服とはかなり変わっているのが不思議でたまりません。

男性のファッションでも、私の夫の数年前のイタリー製のジャケットなどは、裃《かみしも》ではないかと思うほどの肩パッドで、とても着られたものではありません。女性のファッションでも、数十年前に肩パッドが入ったものが流行しました。眼が慣れるというのでしょうか、当時は当たり前のように着ておりましたが、今見ると、びっくりするような代物です。当時は肩パッドが入っていなくて、なんだか着るのに気が引けたような洋服もありましたが、着ないからといって大好きだった物を捨てる気にもなれず、簞笥《たんす》の肥やしにしていた物が、少し手を加えるだけで、今、また息を吹き返しています。

パンツもスカートもこまめにお直しを

古いものをデモデにせずに着るのには、やはり様々な条件があります。最近では突然パンツの幅が狭くなり、少し以前のパンツは「松の廊下、敵討ち」のような気がして、幅の広いパンツは着るのがはばかられました。この本の原稿にも、「私はワイドパンツははきません」などと大見えを切ってしまいましたが、実は好きだった古いワイドパンツを、処分出来ずにおりました。それらの当時のパンツの丈は、ヒールが隠れる程の長さでした。ある時ふと、編集を担当して下さっている、仕事柄ファッションに詳しいYさんに、「古いワイドパンツの丈を短くして、フラットシューズを履いたら着られるかしら」と聞きましたら、「OKですよ」というお返事が心強く、早速実行しました。処分しなくてよかったです。

一時期、ニットなどのスカートのロング丈が出てきた事もありました。ご多分にもれず私も持っていましたが、一度丈を詰めて、再度さらに膝丈にしました。不思議な事にスカートもパンツも、丈を詰めて後悔をした事はありません。しかし当時の事を思い出してみると、肩パッドなどなくても、普通に着ていた服もありました。それらの洋服は今でも健在です。

私は捨ててよいものと悪いものの区別を、流行ではなく、自分の好き嫌いでしか判断出来ませんので、いわゆる断捨離は不得手です。時には自分の好き嫌いの判断まで怪しくなり、処分してしまった物を時々悔しく思い出す始末です。

このような事を総合的に考えてみますと、どんなものが流行になっても、よいものはいつの時代でもよいのだと思います。このあたりにイギリスの紳士服のカギがありそうです。

自分自身がいつまでも快く装うために

着るものの流行と共に、付随するアクセサリー、バッグ、靴、メイクまで変わっていきます。身につけるものは、自分が着なければよいのですが、時代と共に変わっていくメイクは難しいものがあります。細い眉が流行《はや》ったために、眉毛を抜き続け、なくなってしまって温泉に入れない、などというテレビコマーシャルを見ましたが、パンツの丈詰めとは違って、顔の造作には手を出さないほうがよい気がします。

若い時にはデモデだと思えなかった、アイラインやアイシャドウ、マスカラや、皺の中に入り込むファンデーションも、何かしっくりこないのでやめてしまいました。髪の毛を染める時も、地肌に色がつく物は避けるようになりました。

自分自身が快く、自然に無理をしないで暮らすために、ファッションにおいてもメイクにおいても、いつまでもデモデに気が付く自分になりたいと思います。

ロングブーツをデモデにしないために桂子さんが考えたコーディネートが、膝丈のスカートスタイル。キャメル系のワントーンに、〝ミッソーニ〟のベスト、お気に入りの女性デザイナーだという〝tamaki niime〟のストールで秋らしい温もりを添えて。バッグは白洲次郎さんのお土産の〝エルメス〟。武相荘の散策路にある竹林にて。

着物にまつわるエトセトラ

いつの日からかわかりませんが、着物は特別の日に着る、特別の衣服になってしまいました。

着物という言葉は「着るもの」という意味で、日本の民族衣装である衣服の総称ではないように私には思えます。着物しか身に纏《まと》う衣服がなかった時代には、なんと呼んでいたのでしょう。以前は、洋服に対しての和服という言葉を、時折、聞いたような気がしますが、最近では殆《ほとん》ど耳にすることはありません。

街中で着物姿の方達を見かけると、「着物を着ているぞ」という、特別な優越感も含まれる雰囲気が漂っているのを感じます。それは数人のグループですと、一層顕著になるようです。反対に、着物を着ている事さえ周囲が気付かないほど、自然に馴染んでいる方もお見かけします。後者でありたいと思います。

明治維新の頃からなのでしょうか、日本人の衣服は徐々に西洋化して、今では洋服が主流です。何故《なぜ》、洋服が主流になってしまったのかと思いますが、洋服は着物に比べて簡素化が進んだのも、理由の一つだったのでしょう。着物も変化してきたのでしょうが、忙しい世の中に、様々な理由でフィットしなかったのでしょう。

私にはどうしても着物の着方について、理解出来ない事があります。外出時の着物の着方であったおはしょりが、屋内でおひきずりで着る事がなくなったのに、なぜ退化した臓器のように残っているのだろうか、という事です。何か深いわけがあるのでしょうか。私には、背丈の違う人達が、一枚の着物を着回すためとしか思えません。おはしょりさえなければ、どんなに気楽に着物を着られるようになる事でしょう。

これからはもっと自由に着物を着ては？

以前、多才で著名なライターの方が出された記事に、〝着物警察〟という輩が出現したと書いておられましたが、その警察官たちの、嫌らしい、他人様を見下す根拠のない優越感を軽蔑します。私などは、着物の名称や諸々の事など何も知らず、勝手に洋服のように着ておりますので、彼女達の餌食《えじき》にぴったりです。「着物警察、さあ来い！　返り討ちにしてくれる」と言いたいところですが、気の小さい私は、迎え撃つ気力も知力も持ち合わせておりません。

また、時代と共に、洋服の常識も変わってきているのは感じていて、理解したいと思うのですが、いくらなんでもと思う事もしばしばです。先日もテレビを見ておりますと、コメンテイターの若い男性が、短パンにTシャツで出演されていました。あれも当たり前になっていくのでしょうか。この感覚は、〝なんとか警察〟とは違うと思いたいのですが……。それなら知識を蓄えろ、という天の声も聞こえますが、生来のなまけ者ゆえ、コロナの外出自粛をよいことに、ちょうど着物を展示していた東京国立博物館の特別展にさえ出かけて行きません。

　矛盾するかもしれませんが、これから着物を着てみようとしている方々は、普段お召しになっている洋服のように、自由に着ていただきたいものです。ご自分の好きなものを着ているという快い自信には、着物警察も手を出せないでしょう。

　時折、西洋の方の着物姿を報道などで見る事がありますが、腰の高い彼女達は帯が高い位置になり、バランスが悪いように思います。彼女達から見ると、我々の洋服姿も同じような違和感があるのでしょうか。余計なお世話ですが、彼女達こそ細帯をちょいと下目に締めたらバランスがよくなり、お似合いだと思います。私の母は私に「あなたは細帯しか締めてはだめ」と言っておりましたが、それは自分の娘が足の長い腰高の体形だからだとは、まったく思っていなかったと思います。今になってはその理由は知るよしもありません。

芹沢《せりざわ》銈介《けいすけ》さんの着物に、白洲正子さんが骨董屋さんで求めた布を仕立てた細帯を。どちらも正子さんの物だが、この組み合わせは桂子さん流。武相荘でイベントなどが行われる時に、この装いで立ち会うことがあるそう。芹沢銈介さんは明治二十八（一八九五）年生まれの型絵染の第一人者で、昭和三十一（一九五六）年には重要無形文化財保持者（人間国宝）にも認定されている。

芹沢銈介さんと藤村玲子さんの思い出

私が写真で着ている芹沢銈介《せりざわけいすけ》さんの着物を着ている母を、私は一度しか見た事がありません。母は織りの着物を着る事が多かったので、染めの着物がよけいに印象に残っているのでしょう。着物の柄を見てみますと松竹梅が描かれており、なぜお正月でもないのにと、その時、思いました。今でも思っています。

母に、「私も着てみたい」と言いますと、「まだ早い」というような事をつぶやいて出かけて行きました。まだ幼かった私はわけもわからず、それならいつか大人になったら着てみようと思いました。それから長い月日が経ち、母が亡くなった後にその事を思い出し、六十代の頃にこの着物を着てみますと、母がまだ早いと言った意味が、なんとなくわかりました。私のように、着物を着慣れていない人間は、自分で着こなすよりも、意志を持っているがごとく、着られてくれる着物が好きです。

芹沢銈介さんというお名前は、母の着物を整理した時に、初めて耳にいたしました。それまで私の着物に対する少ない知識は、殆どすべて、母が四十代の後半頃にかかわっていた「こうげい」という着物のお店で扱っていたものからでしかなかったからだと思います。

二〇〇五年に信楽《しがらき》のミホミュージアムで「芹沢銈介展」が開催されました。それはそれは素晴らしい展覧会でした。松竹梅の着物が脳裏をよぎり、幸せな気持ちになりました。
それから二、三年後、沖縄に行く機会がありました。紅型《びんがた》の着物が見てみたいと思い、懇意にしていただいている、琉球《りゅうきゅう》王朝時代の伝統的な装飾品の継承者である又吉健次郎《またよしけんじろう》さんにお願いする事にしました。彼が紹介して下さった紅型作家の藤村玲子《ふじむられいこ》さんは、生前の芹沢銈介さんと親しくしておられて、彼の思い出話をして下さいました。

　彼が藤村さんの工房を訪れた時には、隣接している工房が見渡せるお座敷の隅に腰を据え、のんびりと終日を過ごされていたそうです。お座敷の隅に陣取る芹沢銈介さんが、目に見えるようでした。芹沢銈介さんが身近に感じられた時間でした。藤村さんの作品もまた素晴らしく、次々と過去の作品の説明や、紅型の複雑な工程などを教えて下さいました。

　その時、突然、血が凍るような出来事が起きました。彼女の過去の作品の残り布が入った箱に、同行していた二歳くらいであった孫が制止する間もなく、両手を突っ込んでかき回したのです。慌てて制止しますと、藤村さんは顔色も変えず、「きれいでしょ、もっとやりなさい」と言って、布の入った箱をお座敷にぶちまき、花吹雪のように空中にまき始めました。

　紅型の残布の中に身を置き、無心に布をまき散らす夢心地の孫を見て、生涯この光景と紅型の感触は、覚えていてほしいと思いました。

column 牧山桂子の〝着物〟語り

「着こなしは自分流。洋服の感覚で自由に合わせているの」と語る
牧山桂子さんの着物は、母方の実家・樺山家伝来のもの、母・白洲正子さんのもの、
自分のものと、それぞれ着物自体も着方も個性豊か。
一つ一つにストーリーのある着物について、詳しく聞いてみましょう。

撮影／唐澤光也（レッドポイント）

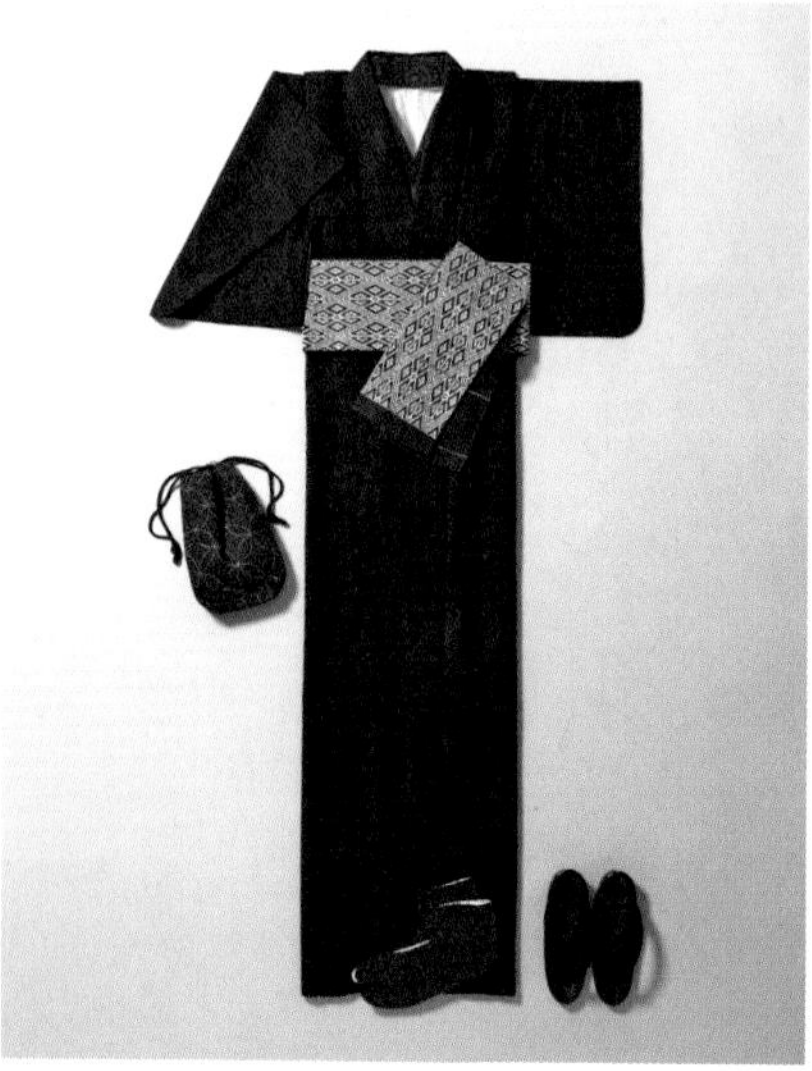

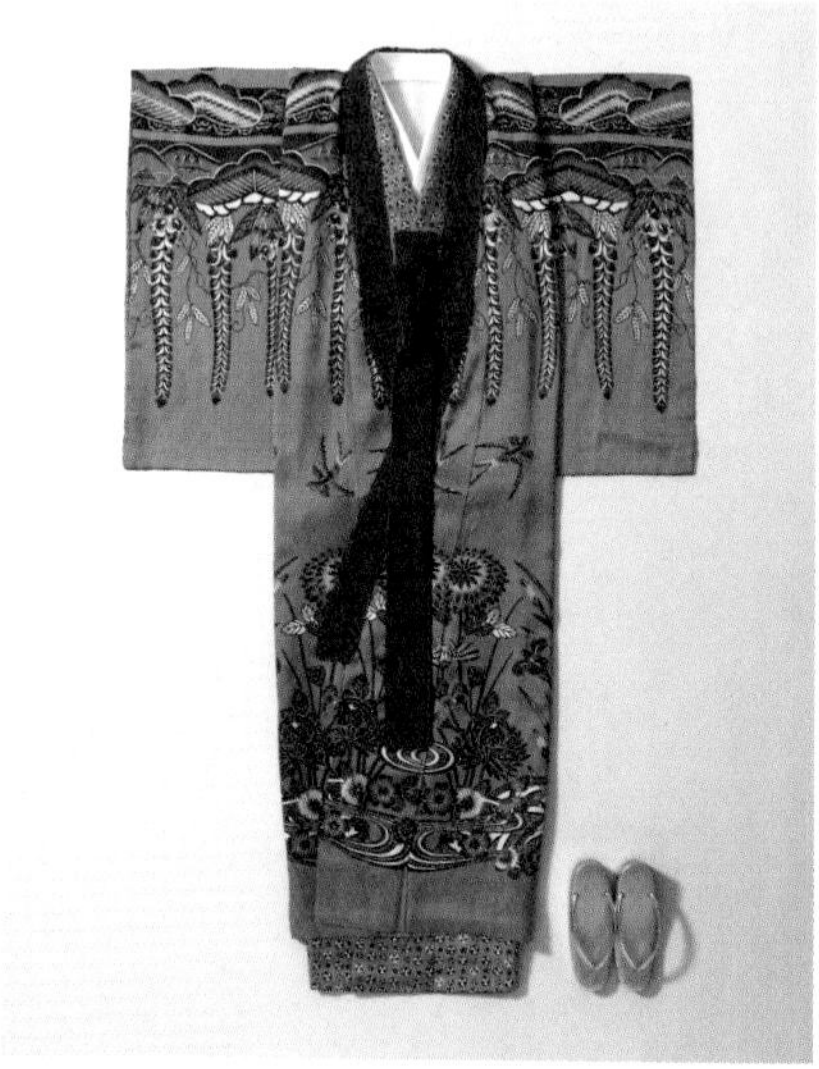

母方の実家を訪れる際は薩摩十字絣の着物で

経緯《たてよこ》の絣《かすり》糸で模様を織り出したもののうち、十字を表したものが十字絣。薩摩《さつま》の特産品の一つでもあるそうで、桂子さんの母方の地元である薩摩の人が集まる時は、このいでたちだととても喜ばれるのだという。たもとの裏地が赤になっているのを活かし、半襟と足袋にも赤を選んで。足袋は沖縄で購入した物。帯は青森県の津軽地方で受け継がれている刺繍《ししゅう》、こぎん刺しの半幅帯。着物も帯も正子さんの物だけれど、桂子さんらしく楽しんでいる。

琉球の打ち掛けと着物は催し物の時などに

沖縄の紅型《びんがた》作家である藤村玲子《ふじむられいこ》さん作の打ち掛けと着物は、好きで習っていた三線《さんしん》の発表会や、お呼ばれなどで着ているそう。沖縄の金細工「金細工《くがにぜーく》またよし」の又吉健次郎《またよしけんじろう》さんに紹介され、工房でお会いした藤村さんは、紅型作家の城間栄喜《しろまえいき》氏のもとで修業した女性。その美しい紅型にひと目惚れして、譲っていただいた物だそう。琉球《りゅうきゅう》の着物にしては落ち着いた色味の銀鼠地《ぎんねずじ》の打ち掛けをたっぷりと羽織り、金の履き物で華やかに着こなして。

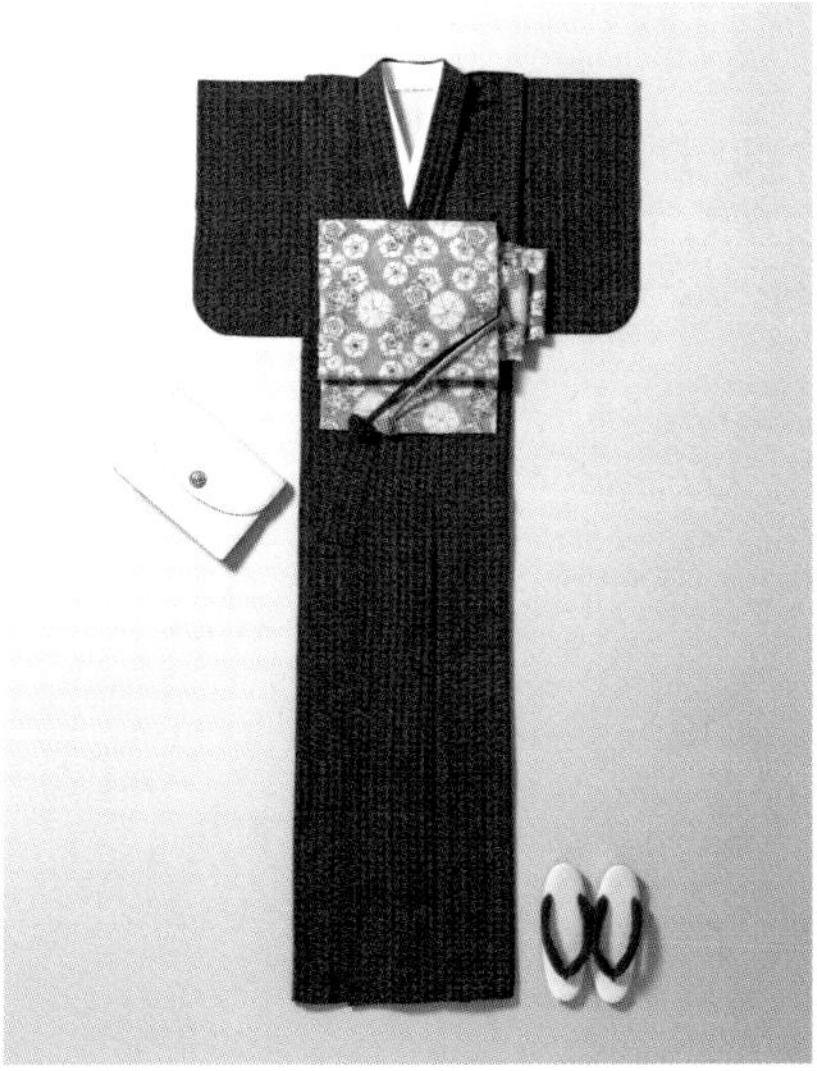

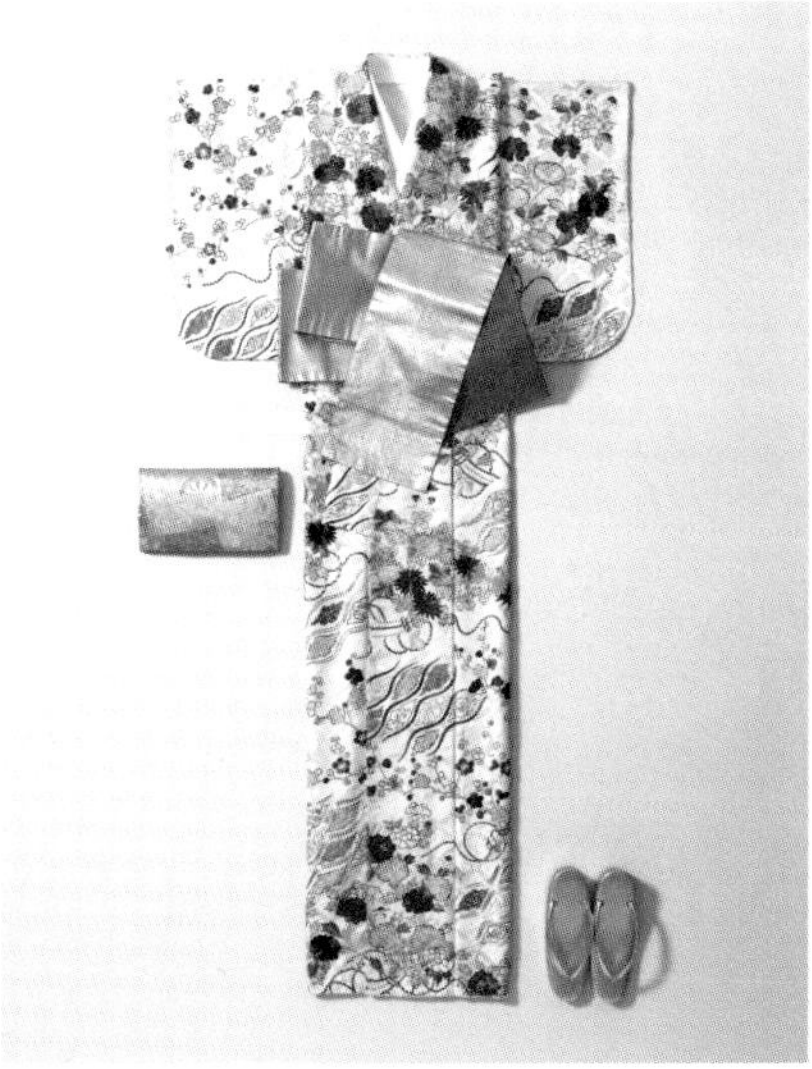

絣の着物は名古屋帯で
軽やかな普段着に

正子さんの着物と帯を、桂子さん流に合わせた着こなし。着物は綿絣の単《ひとえ》だけれど、地厚だから暖かく、袷《あわせ》の時期にも着られる物。帯は正子さんが愛した染色作家・古澤《ふるさわ》万千子《まちこ》さん作の紬《つむぎ》地《じ》名《な》古《ご》屋《や》帯《おび》。絣の青に染めの青……洋服の感覚で色を合わせたところが、桂子さんらしいコーディネイトに。さらに〝セリーヌ〟のバッグと履き物の白で、落ち着きのある絣に軽やかさを添えて。ちょっとショッピングに行く時など、普段に着る着物として活躍しているのだそう。

婚礼の打ち掛けを
袖を切ってパーティー用に

桂子さんの母方の祖母、樺山《かばやま》常《つね》子《こ》さんの婚礼用の打ち掛けを、袖を切って着物に。見事な日本刺繍で菊や牡丹を表した華やかな柄は、特別な日の装いにぴったり。20代の頃、ヨーロッパに滞在していた時も持っていって、よそのお宅にお呼ばれした時に着たこともあるそう。ちなみにその時、男性は皆、ディナージャケットを着ていたという。金の半幅帯は正子さんの物。金がベースになった和装用のバッグと履き物で、ぐっとフォーマルに。

大好きな濃紺のブレザー

濃紺の衣服という事から、まず私の頭に浮かぶのはブレザーと半纏《はんてん》です。ブレザーは英国海軍の軍艦の名前からきていると聞いた事があります。半纏は皆様がご存じのように、職人さん達が着ているものです。映画などに出てくる船の甲板で整列した軍人さんや、襟と背中に自分の働くお店の屋号などを染め抜いた半纏を着て働く人々に遭遇するのが、胸が高鳴るほど大好きです。

もっともブレザーは、濃紺のものばかりではなく、スポーツのチームや所属している団体のカラーで色々とあるようです。自分の所属している団体の、同じ色で揃えたブレザーを着るのは、仲間意識が高まり素晴らしいものなのでしょう。

私は濃紺のブレザーが大好きです。特に白を合わせた時には、その魅力が倍増するように思います。

父が卒業したイギリスの大学のカレッジでは、ブレザーの胸ポケットに付けるお揃いのエンブレムやネクタイまで決まっていたようです。父がそのブレザーを着て、そのネクタイをしているのを一度だけ見た事があります。彼の卒業した大学のボート部の学生さん達が日本へ親善試合に来た時に、そのブレザーをうれしそうに着て出かけて行きました。ラグビー部が来日した時の親善試合には着て行かなかったのは何故《なぜ》か、聞きもらしましたが、どうも太ってしまい着られなかったのが真相のようです。

母の卒業したアメリカの学校のブレザーは、白いフランネルでなかなか素敵でした。もっとも年月を経て、元は白だったと辛《かろ》うじて想像できるほどに変色していました。

まったくの余談ですが、母の兄が亡くなった時に、在籍していたアメリカの大学のエンブレムが胸ポケットについたブレザーに、スクールタイを締めてお棺に入っていた彼は、誇り高く見えて素敵でした。

何故《なぜ》人が制服に惹かれるのかは、心理学の先生にうかがってみないとわかりませんが、ご多分にもれず私も大好きです。もっとも殿方の制服好きには、特別の意味合いがあるようですが……。

初めての注文服だった濃紺のブレザー

食べるのに精いっぱいで衣服などに手が回らなかった終戦直後の時期がだんだん過ぎ去り、兄のお古などを着て暮らしていた私も、初めて洋服を作ってもらえる事になりました。もちろん今のように既製服がなかった時代で、母が懇意にしていた仕立て屋さんで作ってもらった、初めての注文服がブレザーでした。

ダブルブレストに金ボタンが光り輝き、出来上がって初めて袖を通した時の喜びと興奮の感情は、今でもはっきりと心に残っています。うれしくて、うれしくて、ハンガーにかけてベッドの縁にかけて、眺めながら眠りに落ちるのが毎晩の事になりました。

とうとうそのブレザーを着てお出かけする日が来ました。どこに行ったのかなどはまったく覚えていませんが、晴れわたった爽やかな日でした。渋谷で母とタクシーに乗り、暑く感じてきた私はブレザーを脱ぎ、座席の後ろの窓のところに置きました。やがて目的地に着き、タクシーを降りドアを閉め、タクシーは走りだしました。その途端に体中の血が凍りつきました。大事な、大事な、命より大事と思えるブレザーを、タクシーに置き忘れていたのです。走り去るタクシーの後ろの窓を通して、取り残されたブレザーが、今でも目に焼き付いています。

感情を表に出すのが苦手だった私は、ただ茫然と立ち尽くすだけでした。母は私の心の中まで見る事はせずに、新しいブレザーを置き忘れた娘に対し、何か私がやらかした時の決まり文句である「これを教訓にして、一つ覚えなさい」と言うだけでした。それでも手を尽くして、タクシー会社などに連絡をしてくれましたが、ブレザーは私の元に戻ってきませんでした。

人の心の動きなどにまったく気が付かないと思われた父が、私のブレザーロスの大きさ

思い出深い〝サンローラン〟の紺のブレザーに合わせた、白のタートルネックニットは〝45R〟、ジーンズは〝UNIQLO〟、靴は〝タニノ・クリスチー〟。傍らに置かれたバッグとスカーフはともに〝エルメス〟で、バッグは数十年前の物。

に気が付いたらしく、私のいないところで母に「可哀そうだから、もう一度作ってやれ」と言っているのを聞いた時は意外に思いました。でも私は置き忘れてしまったブレザーが既に命を宿しているように思えて、なくなってしまったからといって、すぐに新しいものを手に入れるというのは、申し訳ないように思い、せっかくの父の提案も受け入れる事が出来ませんでした。両親はそれを、私の反省の気持ちというふうに受け取ったようです。

私は、自分の持って行きどころのない気持ちを、「置き忘れてしまったブレザーが親切な女の子に拾われて、大事に着られている」という自分だけのおとぎ話を作り上げる事で、ささやかな癒しとしていました。それ以後、失ったブレザーに申し訳ないような気がして、長い間、私はブレザーを着る気になりませんでした。

これからを共にするブレザーとの出会い

長い月日が経ち、私が三十代の半ばになったある日、〝サンローラン〟の路面店のショーウインドウにふと目が釘付けになりました。その途端に長い間忘れようとして忘れられずにいた、あのタクシーに置いてきたブレザーの記憶がよみがえりました。

私が子供の頃に仕立て屋さんが作ってくれたブレザーと〝サンローラン〟のものでは雲泥の差だったのでしょうが、既に私の空想の世界ではすっかり素晴らしいものに美化されていたようで、まさにあのブレザーが目の前に出現したのです。とうとう私の元に帰ってきてくれたと思い、これなら前のブレザーのお許しも出るだろうと思い、安月給取りの女房にしては過ぎた額でしたが、それまでのへそくりをすべてつぎ込み、購入しました。それが149ページのブレザーです。

　購入した当時三十代だった私は何も考える事なく、絹のワンピースやグレーフランネルのパンツを合わせたり、ウインブルドンを気取ってテニスに行く時に羽織ったりしておりました。私の毎日の暮らしに、なくてはならない一着になりました。

　しかし私と一緒に年を取ってくれないブレザーは、私の年齢と共に、様々なコーディネートをだんだん拒否するようになりました。それゆえでしょうか、ある期間まったく着なかった事もありました。しばらくぶりで出してみますと、さすがに金ボタンは光が失《う》せていましたので、母の着なくなった〝サンローラン〟の洋服から金ボタンを取り、付け替えました。

　年寄り嫌いらしいブレザーは、それでも少女の頃から好きだった、白のインナーとジーンズだけは、いまだに私と共に喜んで受け入れてくれます。

冬

木々が葉を落としても白侘助《しろわびすけ》、天倫寺月光《てんりんじがっこう》、
数寄屋《すきや》……様々な椿が花をつける。
武相荘の冬に似合うのは、凛と、華やかな装いのよう。

色や編み地が異なるニット帽は、すべて〝ミッソーニ〟のもの。お揃いのセーターやマフラーがある場合は、一緒に身につけることも。寒さの厳しい日のおしゃれの楽しみに。

忘れられないコート姿

過ぎ去った昔といってもよいようなある日、買い物好きの母と池袋の西武百貨店でぶらぶらしておりますと、突然、獲物を見つけた野獣のように母の目が光りました。

その眼差しの先には、いかにも母好みの仕立てのよさそうなグレーのチョークドストライプのパンツスーツが、ショーウインドウの中に、あたりを払うようにして飾られていました。〝サンローラン オートクチュール〟と案内板に書いてあり、私の記憶では、「お問い合わせは家庭外商まで」というような説明文が付いていたように思います。彼女はあっという間に、その外商カウンターに駆け付けて、注文してしまいました。驚いた事に、オートクチュールなのに店舗も何もなく、後日、自宅まで採寸に来てくれるとの事でした。当日は大名行列もかくや、というようなご一行が現れて、採寸や細々とした事を取り決めて、嵐のように去っていきました。

何度かの仮縫いの後に、とうとう完成して届いた時の彼女の満足そうな表情は、欲しかった骨董を手に入れた時と同じで、満足に満ち溢《あふ》れたものでした。確かに、オートクチュールは細部にわたり目が行き届いていて、素晴らしいものでした。母とあまりサイズの違

白洲正子さんがおそらく七〇年代にオーダーしたという〝サンローラン〟のオートクチュールのコートは、今でも立派に現役。膝が隠れる丈のコートには、長年愛用しているという〝タニノ・クリスチー〟の艶やかな黒のロングブーツを合わせて。撮影をした武相荘の門の前には、次郎さんが彫ったという新聞・郵便受けが、今でも置かれている。

しんぶん
〒

わない私は、何かの時に借りようと思って、密かに着てみた事がありました。しかしオートクチュールの洋服はあまりにも注文主にぴったりに出来ているらしく、私にとって着心地のよいものではありませんでした。その上そのスーツが「お前なんか十年早い」と言っているようで、それ以後、最近まで袖を通す事はありませんでした。

しばらくの間、母の〝サンローラン〟熱は続きましたが、最初から母の面倒をみて下さっていた責任者の方がお亡くなりになったと同時に、終わりを告げました。品物だけではなく、そこに介在している人も自分の好みの大事な要素の一つだという日頃の母の考えを、如実に表していました。

同じ頃に〝ニナ リッチ〟のオートクチュールも、銀座の松坂屋にあったように記憶しております。私の夫の叔母が息子さんの結婚の披露宴のために、〝ニナ リッチ〟のオートクチュールのイブニングドレスを注文した事がありました。出来上がったドレスを見せていただきましたが、夢の国を表しているような素晴らしい色彩と仕立てのドレスでした。

松坂屋の〝ニナ リッチ〟のメゾンにフランスから派遣されたスタッフは、ドレスが出来上がった日に、叔母の持っているアクセサリー、靴、バッグ、夜用のコートまでも自分達が選ぶので、持ってくるように彼女に依頼したそうです。その話を母にしますと、「ずいぶん失礼な店だ、私なら怒ってやる。お客様をバカにしている」と我が事のように怒っておりました。義侠心《ぎきょうしん》に富んでいるようなところのある母ですので、私の思ったとおりの反応でした。しかし結婚式の後に、写真を見せていただいて、母の怒りは見当違いだと気が付きました。そのイブニングドレスを着た彼女の姿は、自信に満ち溢れて素晴らしいものでした。アクセサリーやコートにいたるまで、すべてが完璧といえる程でした。
〝ニナ リッチ〟のスタッフは、自分達の手がけたドレスの魅力を知り尽くし、愛し、その見せ方を心得ているのだと感じました。伝統あるフランスのオートクチュールに携わる人達に、日本の職人にも通じるような、自分の仕事に誇りを持っている、という心意気を感じました。

一九六〇年代のパリで見かけた女性

今まで、コートを着た人を見て素晴らしいと思った事が二、三度あります。自分がそのようにコートを着こなしてみたいというのではなく、あくまでもその時の光景が素晴らしいものだったのだと思います。

既に遠い過去となった一九六〇年代、パリのサントノーレにある「ブリストル」というホテルに、滞在していた父の友人をお訪ねした時の事です。ホテルのロビーで待っておりますと急に明るくなったような気がして、あたりを見回しますと、エレベーターのドアが開き、カップルが降りてきました。

ディナージャケットを着た男性は、スキンヘッドで有名な、当時の大スターだったユル・ブリンナーでした。スターというものは、このようにあたりが明るくなるほどのオーラが出ているのだと感じました。

その大スターより私の目を引いたのは、彼の隣にひっそりと寄り添っている女性でした。彼女は、当時はまだ市民権を得ていたミンクのコートを袖を通さずに肩にかけ、シンプルな半袖の黒いワンピースにスエードの手袋と小さなバッグを、胸のところで合わせた手に持っていました。アクセサリーは小さなパールのイヤリングだけが目につきました。彼等が私の前を通過したのは、三十秒程だったと思いますが、数十年後の今でも、昨日の事のように目に浮かびます。

最近の出来事で、またその時の事を思い出す機会がありました。それは菅前総理大臣の初めての海外訪問の時の報道です。菅夫人は元総理夫人とは違い、総理の少し後ろからタラップを上り、壇上で見送りの人達に向かって深々とお辞儀《じぎ》をなさっていました。大スターだったユル・ブリンナーにそっと寄り添っていた女性を私に思い出させました。あの態度は海外では受け入れられないと、一部のマスコミは言っておりましたが、感じのよい振る舞いというのは万国共通のものではないかと思います。

映画『昼顔』のコートスタイル

一九六七年に、カトリーヌ・ドゥヌーヴ主演の『昼顔』という映画が上映されました。彼女が着るすべての衣装のデザインがイヴ・サンローランでした。

本物を見たわけではないのですが、特にコートが素晴らしいと思いました。自分の日常を仕立てのよいコートと共に脱ぎ捨てていくように見える場面は、素晴らしいものだと思いました。見事に〝サンローラン〟のコートを着こなしているドゥヌーヴは、同年代の私には考えられない事でした。

155ページの写真で着ている〝サンローラン〟のオートクチュールのコートは、母が着ていたものです。このコートを母が注文した時、内心「しめた！」と思いました。『昼顔』を観た頃よりは多少年齢を重ねていた私は、母のそのコートを着こなせるのではないかと思い、恐る恐る袖を通してみました。しかしその態度をコートに見透かされたように、鏡に映った姿はカトリーヌ・ドゥヌーヴとは程遠いものでした。年齢だけの問題ではないようです。追い打ちをかけるように、母まで「あんたにゃ似合わないよ」と言いました。

それから数十年、やっと〝コート様〟よりお許しが出たようです。

織部のお皿とニット帽

私は、母のように骨董ぐるいではなく、骨董については「門前の小僧」というたとえがまさにぴったりです。門前の小僧の私は、一人で骨董屋さんに行く事は殆《ほとん》どなく、大抵が母と一緒でした。

母が度々訪れていた骨董屋さんの一人のHさんは不思議な人で、ひと昔前に駅弁と一緒に売っていた、持ち手が針金の瀬戸物のお茶入れや、目と鼻から煙の出る、これまたひと昔前の素焼きの豚の蚊取り線香入れなど、骨董とは縁遠いような品物まで扱っていて、母は訪れる度に「このような物に目をつけるあなたは偉い」と言って、いつも感心しておりました。

ある日、母の若い友人が、Hさんのところで手に入れたという、五枚で一組の織部《おりべ》のお皿を見せてくれました。その五枚のお皿を見た時に、今まで骨董を見た時に感じた事のなかった、大げさに言えばですが、ある感動を覚えました。

その五枚のお皿は、同じ織部の皿で、大きさも同じようなのですが、いかにもHさんの好みらしく、なんと一枚一枚図柄が違うのです。その色彩や、図柄の微妙な違いが不思議

〝ミッソーニ〟の肩先まで覆うベストやストール、手袋と、絶妙に色が揃ったセーターは〝ジョルジオ アルマーニ〟の物。スエードにラバーソールのブーツは〝ビルケンシュトック〟。冬の旅行やスキーなど、その季節ならではの着こなしを楽しむ事も、桂子さんにとってはおしゃれの醍醐味の一つなのだそう。

な調和を生み出していました。その独特の品に目をつける彼のチョイスに、「あなたは偉い」と言った母の言葉が思い出されました。その織部の皿は、その日から忘れられない物となりました。

かなりの時が経った後、その織部を思い続けた私の気持ちが通じたかのように、私の手《て》許《もと》に偶然、転がり込んできました。

お皿を見ていて気付いた事

写真で着ているニットのベストとストール、手袋は同じデザイナーのものです。ニットの帽子はアイルランドからのお土産です。実はベストとお揃いの帽子があるのですが、どういうわけかどうしてもお揃いの帽子より、お土産の帽子のほうがしっくりくる事に気が付きました。お揃いのニット帽は、違うセーターと合わせて活躍しています。

以前はお揃いのものを、観念的に一緒に着る事しか思い付かなかった私の考え方が変わってきたのは、織部の五枚の、一枚ずつ図柄の違うお皿を見てからだと思います。毎日の食卓に並ぶ食器も、以前は磁器と陶器が同じ食卓にのったり、かけ離れた色だったりする事に抵抗がありましたが、必ずしもそうではない事にも、〝織部様〟のおかげで気が付きました。人間の好みは、様々な事に影響されているのだとつくづく思います。色彩にしても、何故《なぜ》自分が好きな色があるのだろうなどと思う事がありますが、無意識に自分の周囲の環境に端を発しているのかもしれません。

私の母はニット帽がよく似合う人でしたが、私はといえば、私がニット帽を被《かぶ》った時の彼女の憐れみの視線を敏感に感じて、スキーに行ったり、東京でも雪が降ったりした時に仕方なく、防寒のために被る程度でした。それが積極的にニット帽にチャレンジするようになったのは、五枚の異なった織部のお皿のように、取り合わせや形によっては、似合わないと思い込んでいる私にもニット帽が似合うのではないか、と思いだしたからです。

父と過ごした冬の山小屋

温暖化のせいで、都会ではあまり防寒という事を考えない服装で過ごす事が多くなりました。そうなりますと、ないものねだりで、冬の寒さを凌《しの》ぐ服装で過ごした、雪の中のスキー小屋での少女時代の日々を懐かしく思い出す事が、度々あるようになりました。東京ではまず履く事のないスノーブーツなどにも、懐かしさからか目が留まります。

父が毎年連れて行ってくれた山小屋には、電気こそ通じていましたが、暖房は薪《まき》ストーブだけ、洗濯は手洗い、お風呂は雪をバケツで運び、薪でわかす、といった具合で、優雅にスキーなどというと聞こえはよいですが、ホテルなどとは大違いで家事に追われ生活するのが精いっぱいで、スキーなどする暇もないという毎日でした。

父は子供の時に母親が、「薪で焚《た》いた風呂は体によい」と言っていたと主張して、前時代的な風呂焚きにブツブツ言う私に、自分がやりたくない事を押し付けていたようです。それは私が祖父母を殆ど知らず、友人が話してくれる彼等の祖父母の話が羨ましくて、時折父の両親の思い出話をせがんだりしていた事から思いついた、父の悪知恵に相違ありません。

食事も東京から持ってきた缶詰や根菜などで、得体の知れない料理を作って食べていました。山小屋の前にはかなり大きな池があり、地元の人達がワカサギを釣っていましたが、私も仲間に入れてくれて、厚い氷に開けた穴からワカサギを釣る方法を教えてくれました。一日を費やして、やっと釣れた五センチほどのワカサギを数匹持ち帰り、ストーブの火で焼いて食べるのも楽しみの一つでした。

それでも夜になると、貧しい食事を盛り立てるかのように、父はチェックのウールのシャツに、戦前から持っていたというインド製の絹のスカーフを首に巻き、紺色のニットのセーターなどを着込んで、雪をグラスにつめ込み、ウィスキーを注ぎ、ストーブの前に陣取るのが日課でした。

なぜ夕方に父は着替えたりするのだろうとその時は思いましたが、漠然と服装というのは、その時の雰囲気に合わせるのではないか、と思ったのを覚えています。今から思うと、

十二、三歳だった私に、ＴＰＯＳというと大げさですが、そのような意識が芽生えたような気がします。もちろん父にはＴＰＯＳなどという意識はまったくなく、ただ無意識に着替えていたのだと思います。その証拠には、晩年の父は、夏は浴衣の着流し、冬はどてらでウィスキータイムを過ごしておりました。

私もその頃の父の年齢をとうの昔に超えました。あの頃の、ゆったりとワカサギなどを釣ったり、風呂焚きなどをした時代はとうに過ぎ去り、忙しい時代になりました。当時は父の運転する隙間風の入るランドローバーで七、八時間もかかったスキー場も、今では新幹線であっという間に着いてしまいます。寸暇を惜しんでスキーをする人が殆どですが、私としてはファッションを楽しむスキーヤーにもお目にかかりたいものです。先日ウインドウショッピングをしていて、イタリアの高名なデザイナーの素敵なアフタースキー用のファッションを見ました。フード付きのパーカーにトレパンで、なんとも素晴らしいものですが、お値段も素晴らしく、目の保養にとどめておきました。

現代では、ホテルは暖房がきいていて心地よく、蛇口をひねればお湯が出て、苦労しないと手に入らなかった食事もいつでも食べられます。人間は楽なほうがよいに決まっております。当時に戻れと言われても真っ平ごめんですので、当時の私の経験は懐かしい思い出としてとっておきましょう。

ライダース今昔物語

最近のファッションの世界では、様々な種類のライダースジャケットがたくさん登場しています。

私が大人の世界に片足を踏み入れた十代の半ば頃に、当時の大スターだったマーロン・ブランドやジェームス・ディーンなどのハリウッドスターが着用して、映画の世界に登場したのを目にしたのが、私がライダースジャケットを意識した最初だったと記憶しております。その当時はライダースという呼び名ではなく、読んで字のごとしの「革ジャン」という呼称でした。それが頭にこびりついているためか、今でもライダースという呼称を口にする度に、人間の世界に降りてきた、見知らぬ天使の名を聞くような違和感を覚えます。

当時は誰もが着ているものではなく、ほんの一部のちょいワルを気取ったシャレ者や、本当のオートバイ乗り（恥ずかしながら、耳慣れないバイクという呼称にも抵抗があります）の人達が着用していたもので、それはカッコよく、女の子にはハードルが高く、ジャケットに拒否されているようなところがありました。

武相荘の門の前に佇《たたず》む桂子さん。〝ジョルジオ アルマーニ〟の黒のワンピースの上に、〝サンローラン〟のライダースを羽織って。足元は長年愛用しているという〝タニノ・クリスチー〟のブーツ。全身黒の着こなしはあまりしないそうだが、マットな黒とツヤのある黒とで、黒一色でも表情豊かな着こなしに。

ライダースを着ていた青年

その頃に、ライダースを着てバイクをさっそうと乗りこなす、白馬にまたがる騎士のような青年を時々見かける事がありました。彼とはただ挨拶をするような間柄でしたが、バイクの傍らで、その頃流行《はや》っていたナット・キング・コールの『トゥー・ヤング』という歌のメロディーをいつも口ずさんでいました。その歌の内容が十代の半ばだった私の事だったら、どんなに素晴らしいだろうと夢想したものです。しかし彼は突然、不慮の事故でこの世を去って行ってしまいました。

ほんの数年前の事ですが、長い間お目にかかる事のなかった彼の親族の方に、偶然お目にかかる機会がありました。彼女に「しばらくぶりでお目にかかったわね。彼の好きだった方ね」と言われ、びっくりしたと同時に、あの『トゥー・ヤング』は私のためだったのだと信じる事にいたしました。ライダースにまつわる小さな懐かしい思い出です。

革ジャンがいつからライダースと呼ばれるようになったのだろうと不思議に思い、ファッションやモータリゼーションに詳しい若い友人のY君に聞いてみる事にしました。彼が調べてくれたところによると、「ライダース」という言葉は日本だけで使われているもので、海外ではバイカージャケットとかモーターサイクルジャケットと呼ばれているようです。シングルは英国風、ダブルはハーレーダビッドソンの愛好家が好んで着たと言われているると教えてくれました。バイク乗りのアイコンだったライダースジャケットに目をつけたのがロックミュージシャン達で、一九七〇年代にタウンウエアとして登場し始めたそうです。彼はまた、「ライダース」という言葉は革のウエアの総称である革ジャンと区別するために出来たのではないかという事と、『仮面ライダー』などから、ライダーという言葉がわかりやすかったためではないかという事も調べてくれました。「なるほど!」です。

近寄りがたさと憧れと…

六〇年代に、ロンドンの父の友人の家に何日か滞在していた時の事です。彼は私をもてなして下さるために、丁度《ちょうど》その時開催されていた、モーターショウに連れて行って下さいました。

彼は父と同様に車大好き人間で、彼の家の門から玄関前までのスペースには、イギリスの名車がまるで展示してあるように、ずらりと美しく並んでいました。その中の一台、二人乗りスポーツカーのジャガーXK120クーペの助手席のドアをうやうやしく開けて、私をお姫様のように乗せてくれる彼の所作は、踊りを観るように美しいものでした。

行った先のモーターショウでは、様々な車の展示の中のスポーツカーの脇に、胸元もあらわなインナーにライダースを着て、ぴったりとしたボトムズを身につけた広告のビラを配るにこやかな笑顔の女性が立っていました。彼はその女性を見て私に「レディはあのような恰好《かっこう》をしてはいけない」と言いました。今思いますとそれはライダースの事ではなく、インナーやボトムズの事だったのでしょう。その時以来、（別に私はレディではありませんが）何かライダースに近寄りがたい気持ちを抱いてしまったのは確かです。同時に怖いもの見たさのように、ライダースにある憧れを抱いたのも記憶に残っています。

三十代の頃だったと思いますが、ライダース紛《まが》いのジャケットがやっと出現し始めて、日本人のデザイナーのブティックに、ちらほらと顔を出し始めた時期がありました。偶然立ち寄ったブティックでそれを見かけ、よく見てみますとムートン製でしたが、市民権を得た旧友に出会ったような懐かしさと、日の目を見たライダースを私も着られるようになったのだ、といううれしさで思わず衝動買いをしてしまいました。結果はデザイナーの方には誠に申し訳ないのですが、そのライダース紛いのジャケットはぼってりと重く、なんとも着にくい代物で、早々に処分してしまいました。

それ以来、ライダースとは無縁になりましたが、とある春、ふと気が付くとライダースジャケットがトレンドなモードとして街に溢《あふ》れていました。新しいトレンドのライダースは、私の記憶の中のライダースとは、まったく異なる一面を見せていました。以前のボトムズはジーンズだと決まっていたような気がしますが、新しいライダースは、私の想像をはるかに超えた自由なコーディネイトで、花模様やレースのスカートなどを新しい感覚で合わせ、とても素敵に見えました。バイクに乗る時はおろか、ヒールを履いて夜の集まりにも着られそうに見えました。

私はTシャツやセーターなどは時々購入しますが、コートやジャケットなどの大きなアイテムは以前のもので間に合いますので、あまり買いません。けれども久しぶりに思い切って購入する事にしました。以前、私と同世代のハリウッドスターのジェーン・フォンダが「もう新しい服は買わないと言っている」というニュースを耳にしましたが、彼女も私と同じように、ベイシックなものは揃っているという気持ちなのではないかと思いました。

しかしいざライダースに袖を通すと、一筋縄ではいかない事に気が付きました。まるで意志のある生き物のように、合わせるものを拒否します。着ている時も緊張している自分に気が付きました。写真でモデルさんが着てあんなに素敵に見えたドレッシィなボトムズも、私が着ると、何故《なぜ》かなんとも様にならず、ギャザーのよったスカートのウエストあたりはぼってりとしてしまい、とても見られたものではありません。何故だろうと思いましたが、やはり大人になりかけの十代の頃に、近寄りがたいように感じたライダースが、身近なところに降りてきたために、私の意識が過剰になっている事に気が付きました。

あまり気にしないようにしていますと、向こうのほうが、譲歩してくれるようになりました。

母と私と〃ミッソーニ〃

母は取材旅行に行く前には、自分の気持ちを奮い立たせるためなのでしょうか、またはその旅行を楽しいものにするためなのでしょうか、その取材にぴったりと合うような身につけるものを、買いに行くのが常でした。本人は気が付いていないようでしたが、取材旅行が近づいてくると、そろそろ運転手の私に声がかかるなと待機したものです。

昔話を語るような、記憶も薄れるほど以前のある日の事です。慣例になっている取材前の大好きなお買い物に、デパートに二人で出かけました。ぶらぶら歩いていると、突然、彼女の足があるブティックの前で止まりました。釘付けになった彼女の視線の先には、比較的太い糸のニットのカーディガンがありました。不思議に思ったのは、そのカーディガンの色が、それまでの彼女のワードローブの中になかったえんじ色だった事です。

まっすぐ店内に入って行った彼女は、そのカーディガンを指さして、何か思い詰めた様子の母に驚きを隠せないような店員さんに、試着もせず「これ、下さい」と言い放ちました。その様子は、彼女がどうしても手に入れたいと思った骨董などを前にした時と同じでした。そのカーディガンと同じ色のセットアップも一緒に買って、ご満悦で取材旅行に出かけて行きました。

母は旅行から帰ってくると、そのブランドについて知り合いのモードに詳しい編集者の方に早速質問し、〝ミッソーニ〟について知るところとなりました。オッタビオとロジータ・ミッソーニというご夫婦の写真まで手に入れて、彼女のいつもの気に入ったものを作る人に対する「このようないい顔をしてなくちゃ、素晴らしいものは出来ないよ」というセリフが飛び出しました。それが長いお付き合いとなる、母と私の"ミッソーニ"との出会いでした。不思議な事に、その時、他にどのようなニットがそのブティックで売っていたのかまったく記憶にありません。

最初に私が不思議に思ったとおり、彼女にとって最初の〝ミッソーニ〟であったえんじ色のカーディガンとセットアップは、しばらくすると母は手を通す事がなくなりました。やはりいくら自分が気に入っても、えんじ色が彼女のクローゼットになかったのは、彼女の〝色〟ではなかったのでしょう。私にくれましたが、これまた私のクローゼットにもない色で、いまだに時々着ていますが、どこか居心地が悪いものです。でも何故《なぜ》か処分出来ずに、まだ持っています。

それ以後、デパートに行く度に、彼女の〝ミッソーニ〟詣でが始まりました。最初に買ったカーディガンとは違い、絵画のように美しい色の取り合わせと、質感も素晴らしいニットを心から楽しんでおりました。自分が気に入っても似合わないと思ったものは、運転手の時給として時々買ってくれました。その頃のものも、まだ現役です。

〝ミッソーニ〟と日本文化の共通点

〝ミッソーニ〟のニットは色彩といい、質感といい、日本の織物と多くの共通点があるように思えます。母の大好きだった織物作家の田島隆夫《たじまたかお》さんが、ご自分の織物の残り布をパッチワークのようにつなぎ合わせ、母のために作って下さった膝掛けは、まさに〝ミッソーニ〟とルーツを同じくしているとしか思えません。

岐阜の可児《かに》市に人間国宝だった荒川豊蔵《あらかわとよぞう》氏の資料館があります。母はその資料館に収蔵されている織部《おりべ》のよびつぎ茶碗なるものが大好きでした。よびつぎとは陶片をつなぎ合わせて一つの茶碗にしたものなのですが、そこには制作者の色彩に対する限りない拘《こだわ》りとセンスを見る事が出来ます。その美しさもまた、〝ミッソーニ〟とルーツを同じくしているとしか思えません。

私が〝ミッソーニ〟に注目する理由

手芸などには興味のない母を反面教師としたせいでしょうか、その頃の私は編み物が好

ブラウン～グレーがミックスされたニットのコート、タートルネック、ロングマフラーをブラウンのスカートにコーディネートして。〝ミッソーニ〟ならではの色彩の統一感で、様々なボーダーの重ね着もシックに。足元に合わせているのは、長年愛用しているという〝タニノ・クリスチー〟のブラウンのロングブーツ。

きで、よく模様編みのセーターなどを編んでいました。後年何人かの友人と編み物をしている母の写真を見つけて愕然《がくぜん》としましたが……。

私は〝ミッソーニ〟のニットのなんとも言えない厚みのある質感が不思議でたまりませんでした。編み物をなさった方ならおわかりでしょうが。何色かの糸で模様を編む時は、表の模様に必要のない色糸は、裏ではただ裏面を渡っていくだけです。ところが〝ミッソーニ〟のニットは裏側でも編んでいるのです。

どうしてもメカニズムが知りたくなった私は、運転手のご褒美のセーターを引っ張り出し、挑戦を始めました。挙句の果てにわかった事は、目数を倍にして、表と裏を交互に編んでいくのだという事でした。思ったよりの難事業でしたが、そのメカニズムがわかった喜びで乗り切り、とうとうセーターが完成しました。出来上がったセーターはただのぼってりとした代物で、私の自己満足のみの結果になりました。満足感だけを得て、薪《まき》ストーブの餌食《えじき》となりました。のちにどなたかにうかがった事ですが、〝ミッソーニ〟は絶対に編み機を見せなかったそうです。あの複雑で美しいニットを生み出す機械などを考案するのは、想像を絶する努力の賜物だったのでしょう。無理もないと思いました。

私が〝ミッソーニ〟を好きな理由の一つに、以前買ったものが底辺だとすると、ピラミッドのように積み上げていくことが出来るからです。例えば気に入った物を見つけて買おうとした時に、他のブランドでしたら、どんなものに合わせられるか考えます。色や丈なども、もし合わなかったらと思って、家にある一緒に着られそうな物を持ってまたお店に戻ったりもしますが、〝ミッソーニ〟は何も考えず、目の前の物だけ気に入れば、ピラミッドの中にぴったりフィットする物が必ずあるからです。

しかし何年か前に私の〝ミッソーニ〟ライフに重大な危機が訪れました。創業者のオッタビオさんが亡くなったせいか理由は判然としませんが、ある夏のコレクションを見て仰《ぎょう》天《てん》いたしました。まるで金魚鉢を見ているような錯覚におそわれました。それまでの〝ミッソーニ〟は金魚のような色目でも、何か落ち着きがあり、ピラミッドに積み重ねてもなんの問題もありませんでした。営業妨害のようで申し訳ありませんが（もしかすると、これはまったく私だけの問題だったのかもしれませんが）、数年続いたように記憶しております。寂しい思いをいたしました。

しばらく〝ミッソーニ〟には手を出しませんでしたが、最近では、だんだん昔に戻ってきたようで、うれしいです。

ドレスアップのときめき

181ページの写真のスパンコールのセットアップは、かなり前に日本から撤退してしまったデザイナーの〝ダナ キャラン〟のものです。

私は、ちょっとしたお出かけのような時に、いわゆる〝ドレス〟のような服は苦手です。着慣れなくて、落ち着かないのも理由の一つですが、都心に出かける時に、公共交通機関を利用する郊外生活者の私は、他に用事がある事も多く、〝ドレス〟のような服を着て家から出かける事はありません。持っていないのに、偉そうな事は言えませんが……。

その点、このようなセットアップは、ボトムズのスカートやパンツに、着慣れたものが合わせられて重宝しております。特にスーツのインナーに着れば、ジャケットを脱いで、ストールでも合わせれば、かなりの場面に対応出来ます。少し前までは、そのためにヒールの靴を持って出かけたりしておりましたが、最近ではローヒールでも夜も履ける靴がたくさんあり、楽になりました。ブランドが撤退してしまった今となっては、他に紺やグレーなどもシーズンごとに、少しずつでも揃えておいてよかったと思います。

テレビのオペラ鑑賞に心を躍らせて

コロナ騒ぎのために、私にとっては家で過ごす楽しい時間が増えました。この際、テニスのフレンチオープンでも観てやろうと思い、元来ケチな私ですが、思い切ってWOWOWの契約をしました。楽しくテニスを観戦しておりましたが、ふとメトロポリタン・オペラの番組が目につきました。

私が若い頃、よく母が私を運転手がわりにするために（と思われますが）、コンサートに連れて行きました。私は音楽を聴きながらの心地よい眠りと、終了後の美味《おい》しい食事につられて、しばしば母に同行しました。ある日、母が珍しくオペラに行こうと言い出しました。いつもの眠りと食事につられて行ってみますと、日本語のオペラで、演じていた方達には誠に申し訳ないのですが、何か違和感があり、大好きな居眠りも出来ずに帰ってきました。その時以来、（つまみ食いをしただけですが）食わず嫌いでオペラが嫌いになりました。

WOWOWの番組表を見て、その頃の食わず嫌いの思い出がよみがえってきましたが、テニスの実況まで時間があったので、しぶしぶテレビのスイッチを入れました。演目は『アイーダ』で、無学な私は何も知りませんでしたが、最初の一分で圧倒的な声量と音楽に魅せられました。字幕が出るのも曲の意味がわかり、また場面ごとの観客の反応も素晴らしいと思いました。終了後の観客の称賛は想像を絶するもので、舞台と観客が一つになり、オペラが成り立っているのだと確信しました。画面では、観客の身なりはわかりませんでしたが、私が二十代の頃に見たある一場面から、容易に想像する事が出来ました。

私がしばらくパリに滞在していた時に、下宿していた家のおばあさんが大のオペラ好きでしたが、とても私には無理だと思ったらしく、オペラはともかく、GALA（特別な公演）の夜のお客は見る価値があると言い、見てこいと強く勧めてくれました。彼女のお勧めに従って、オペラ座の前に陣取り見たものは、次から次に高級車でオペラ座に乗り付けてくる人達で、彼等のファッションは、目を見張るほど素晴らしいものでした。高級車で乗り付ける人達ばかりではなく、メトロで来る人達も皆、精いっぱいのおしゃれをしていて素敵でした。帰り道には自分が〝マッチ売りの少女〟のような気がしました。

その時、彼女に聞いたのですが、オペラの演者達が一番恐れているのが、天井桟敷《てんじょうさじき》と呼ばれている立見席の人々だという事です。彼等はちょっと聴いて、気に入らないと次々と帰ってしまうからだそうです。

メトロポリタン・オペラの観客の称賛の嵐を見て、彼等もオペラに敬意を表し、伝統的に舞台と一体化するためのファッションを身に纏《まと》って来ているのだろうと想像出来ました。おこがましいですが、お仕事の後などに、音楽会などにお出かけの際は、このようなセッ

ピンクがかったベージュ系のスパンコールニットは、肌色まで明るく輝かせてくれるよう。ニットは〝ダナ キャラン〟、パンツは〝ミッソーニ〟の物。ジーンズなどを合わせればデイリーにも着られる。ニットは、他に濃紺やグレーの色違いも。ちなみに濃紺はインナーがVネックで、よりエレガント。武相荘のバー「バー＆ギャラリー・プレイファスト」にて。

GENTLEMEN
ONLY.
SALOON BAR

トアップは便利と思います。何かの帰りだからと、リュックサックなど背負って行くのは避けたいものです。でもここは日本ですね。自分だけの満足感です。

それからというもの、ケーブルテレビの番組表を見てオペラの番組を探し、せっせと録画して楽しんでおります。いつの日か、本場のオペラハウスに行き、舞台と一体化する雰囲気に浸ってみたいという望みはありますが、多分、字幕はないし、経済的にも無理のような気がします。ケーブルテレビの特等席で満足する事にいたしましょう。

身の丈に合ったものに囲まれる生活

私くらいの年齢になりますと、大体分相応の、身の丈に合ったファッションのベースのものは身の回りにあります。改めて、しばらく袖を通さなかったセットアップを着た写真を見て、以前とはまったく違う自分の印象を受けました。気に入った服は、生命が宿っているがごとく、私の年齢に合わせて違う面を見せてくれるのが楽しいものです。

車も身の丈に合ったものは一台を除いて、すべて乗る事が出来ました。皆様にはどうでもよいでしょうが、その一台とは『ミニモーク』です。冷暖房もなく、ドアもろくにないような代物ですので、ちょっともう無理です。最近は『ジムニー』がお気に入りです。

福澤諭吉の言葉に思う母の無言の教え

以前、ある婦人雑誌の特集で、福澤諭吉翁《ふくざわゆきちおう》の記事を見つけました。諭吉翁の「一家は習慣の学校なり、父母は習慣の教師なり」という言葉を読んで、娘の私に何も教えず、自分の生活が何より大事で、放し飼い状態で私に接してきた母に対する考え方を、変えざるをえなくなりました。

親は子供に口に出して様々な事を教えるものだ、と思っていましたが、親との毎日の暮らしの中で、自然に身に付くものだという事がわかりました。何もかも自分で手に入れたと思っていたのは大間違いでした。考えてみれば、音楽会、食べ物屋さん、ブティックなどに、私を伴っていったのは母です。何も会得しなかったのは、怠惰な私です。

「馬鹿不平多《ばかふへいおおし》」。他人を責めることは無意味な時間の浪費である、という彼の言葉が身に沁みます。

着物に母を思い出す

私は殆《ほとん》ど着物に縁がなく育ちました。戦後の混乱の時期でもあったからかもしれませんが、七五三などという、子供のお祝いの行事がある事も知りませんでした。

その頃の少女雑誌のお正月号などで、晴れ着の着物を着た子供達の写真などを見ても、何処《どこ》か自分には関係のない遠い国の出来事のように感じていました。でも何故《なぜ》か、女の子の絵が描いてある羽子板で少女達が遊んでいる写真を見て、自分もやってみたいと思いました。誰におねだりしたのか、まったく記憶にないのですが、私が手にした羽子板は、父が板を削って羽子板の形を作り、絵の上手だった兄がミッキーマウスを描いてくれたものでした。母の子供の頃の古めかしい着物を着て、ミッキーマウスの羽子板で羽根つきの真似事をしたのが、微《かす》かに記憶に残っております。

十代の頃に着た初めての自分の着物

私が十代の頃ですが、母は銀座で「こうげい」という着物のお店をやっておりました。

その頃、喜々として着物に取り組む母を見て、もしかすると着物というものは、楽しいものなのかもしれないと思うようになりました。

ちょっと試してみたくなり、母に「着物が着てみたい」と言いますと、「はいよ」と安請け合いをしましたので、あてにしないでおりますと、振袖のような華やかなものを想像していた私の願望とは裏腹に、『日本昔話』に出てくるような絣《かすり》の着物が仕立て上がってきました。その着物に、当時「こうげい」で扱っていたクッションやテーブルマットなどにする、赤い地に模様が織り込んである広幅の布で仕立てた半幅の帯が付いていました。その帯は当時、鶴川の家（武相荘）で使っていたクッションと同じ布で、その帯を締めて、同じ布のクッションが置いてあるソファには座れないな、と思ったのを覚えています。

初めて着物が着たいと言い出した娘のためにしては、面倒くさいので、手近なものですませたのかと思いましたが、母の遺していった半幅の帯の中には、我が家のテーブルマットやカーテン、挙句の果ては父が時々顔を出していた会社の応接室のソファ、スキー小屋のカーテンと同じ布まであり、ただ彼女がよいと思った布だっただけなのだとわかり、疑った自分をちょっと恥じました。

さて着物は出来上がってきましたが、成人式などのように、何か着る目的があったのではありませんので、母が「こうげい」に出勤する時などに、その着物を着てついて行ったりしていました。

「こうげい」には母の友人もたくさん訪れて下さいました。その中の一人に皇室の装束を代々手がけておられる高田《たかた》倭男《しずお》先生がいらっしゃいました。私が大人になったある日、高田先生が私の初めての着物姿について話して下さった事があります。私が『日本昔話』の絣のような着物に、クッションの布の帯を締めて初めて母と「こうげい」に出かけた日に、高田先生もその場にいらっしゃったそうです。彼は私の着物姿を見て驚愕《きょうがく》されたそうです。クッションの布の帯に、びっくりされたのかと思いましたが、幸いな事にそうではなく、あの頃は織りの着物は都会で着るものではなかったからだそうです。それを批判をするのではなく、そ

の斬新さに驚かれたと言って下さいました。

それは母に対するお褒めのお言葉でしたが、彼女はそれ以前も以降も、自分がよいと思った事は誰がなんと言おうと推し進めるという信念からか、当たり前だという態度で平然としておりました。

着物にまつわる母の流儀

私が着物を着る度に、母は人に着せるのは自分で着るより難しいとブツブツ言っておりましたが、ある日も「もう面倒くさいから自分でやりな」と私に長襦袢《ながじゅばん》や腰紐《こしひも》などを投げ渡し、それからは私が着物を着ると言って、すがるような眼差しをしても、見向きもしませんでした。

「くそババアめ！」と思いましたが、今から振り返ってみると、曲がりなりにも一人で着られるようになり、よかったと思います。

母の独特の着物について、自分がよいと思った事を押し通す考えは娘の私にも及び「あなたは半幅の帯しかだめ」と言い、私は魔術にかかったように、理由もわからないまま、今でも半幅の帯しか締めません。

夫の祖母は、着物を着ても半幅の帯しかしない私に、幾度となく「お太鼓の帯を締めて

桂子さんがお嫁入りの時に白洲正子さんが持たせてくれたという、立花長子《たちばなちょうこ》さん作の型絵染の着物。「お嫁入りには渋すぎるわよね」と桂子さんは笑うけれど、だからこそいつまでも着られる一枚に。半幅帯は「文庫」に結ぶことが多いそうだが、今回は垂れを長めに。金のつづれ織りの帯は桂子さんの物。その金に合わせたゴールドの時計は〝ピアジェ〟、履き物も金地のものをセレクト。

見せておくれ」と言っておりましたが、母にそう告げると「ふん」と言って、理由も言わずに相手にしてくれませんでした。祖母には可哀そうな事をいたしました。

母が自分で押しつけた私の半幅帯好きでしたが、さすがの母も一度だけ困った事がありました。夫の会社の関係で、どうしてもお断り出来なかったお仲人を、私がお引き受けしなければならなかった時です。

私が結婚する時もいくつか着物を誂えてくれましたが、年をとってバーさんになっても着られるとか、年とったら裾回しの色を変えればよいなどと言い、華やかなものは一つもありませんでした。勿論《もちろん》、留袖《とめそで》など論外で、母の提案で兄嫁の留袖を拝借し、帯や様々な小物は自分の物を揃えてくれました。

当日、ホテルの式場で着付けをしていただきましたが、着付けの方が、母の揃えてくれた様々な品を一つ一つ「御媒酌人《ごばいしゃくにん》はこれではだめです。このような物でなければ」と自分の持ち物から、次々と留袖用の小物を取り出し始めました。多分彼女は留袖を借りないで、持ち込んだ私が面白くなかったのでしょう。無知な私は茫然として、おろおろとするばかりでしたが、突然救世主が現れました。ご親族の方の中に、たまたま母をご存じの高名な呉服商の奥様がおられ、「さすがお母様のご趣味！」と大声で言って下さったのです。あの時は父が何故、テレビの『遠山の金さん』が好きなのか、理解できた瞬間でした。

世間的ないわゆる〝着物のルール〟を無視して、ただ自分の思うようにやっているように思えた母を、着物の事だけは認めてやろうと思いました。同時にそれは母だけのもので、決して私が同じ事をしてはいけないと思いました。多分何処かの国の元総理夫人のように、ドレスコードには合っているが、何か変となってしまいそうです。

西洋から入ってきた衣服を洋服といいますが、何故日本の古来の衣服を着物というのでしょうか。着物ブームといいますが、そのような言葉が出来るのは、着物が以前のように、日常に着る当たり前の衣服ではなく、特別な時に着る衣服となったからなのでしょう。私なども殆ど洋服で暮らしておりますので、着物と帯の取り合わせなどにも、つい洋服の感覚が顔を出します。

以前は母が居眠りに連れて行ってくれるお能の会や歌舞伎、文楽などで見かける事が多かった、子供の眼にもびっくりするような素晴らしい和装（男性を含む）の方達を、母の着物解説と共に見るのが楽しみでした。猫に小判で何も覚えていませんが、成人式に振袖を着せてくれるよりよかったと思います。

最近では、そのような場に行っても、寒々しい抜き過ぎた襟足を見かけるだけになりました。また以前のような光景が戻ってくるのを切望いたします。

クローゼットを整理して

二〇二〇年の夏頃には、一年以上が過ぎても、新型コロナウイルスが終息していないだろうとは想像も出来ませんでしたが、相変わらず不自由な日々の暮らしが続いています。

当初は、どちらかというと巣ごもり的な生活の好きな私は、今のような暮らしはかえって喜ばしく、楽しめると思っていました。しかし知らない間に私もこのような日々にすっかりくたびれてしまい、ひたひたと押し寄せてくるさざ波のように暗い気持ちが、私の心を徐々に覆い、支配し続けているのに気が付きました。

これではいけないと思い、何か気持ちの晴れることはないかと考え始めましたが、なかなか思い付きませんでした。そこで、この際、自分の苦手とする事に挑戦してみようと思い立ちました。苦手という事ですぐに思い付いたのは、整理整頓でした。苦手なのは遺伝のせいだと責任を親に擦り付けて暮らしてきましたが、この際、立ち向かってみる事にしたのです。

親といいますと、整理整頓が出来ないのは父親だと思われがちなのですが、なんと我が家の場合は母親でございます。女の子は父親似で、男の子は母親に似るというのが定説ですが、我が家の場合は残念ながら逆になってしまいました。母が亡くなった後には、彼女が長い間ため込んだガラクタ（本人にとってはお宝）を整理するのに苦労しました。ゴミ屋敷にならなかったのは、たまたま家が郊外で、多少広かったためだと思われます。

ごちゃごちゃした家の中がすっきりすれば、気持ちが晴れるだろうと思い、手始めに、今後着ないだろうと思う洋服を処分する事にしました。選んだ洋服を一か所に集め始めましたが、これが至難の業で、前の日には「もう着ないだろう」と思っていた物が急に惜しくなり、またクローゼットに戻したりしながら、どうやら不用と思われる洋服の山が出来ました。ものを捨てなかった母の気持ちも、なんとなくわかるような気もしました。

その山を私なりに分けて、ブランド品と思われる物は、ネットを頼りにブランド品買い取りサイトに送ってみる事にしました。そのサイトの買い取り価格は、びっくりするほど安価でした。まあそんなもんか、と思い納得する事にしました。

残った物は、東南アジアの国々の子供達にワクチンを送るために、有料で不用品を引き取るチャリティのサイトを見つけて送る事にしました。猜疑心の強い私は、よく耳にするチャリティ詐欺かとも疑いましたが、運営をしている方が平素よりチャリティに熱心な方でしたので、信じる事にしました。なんの事はない、ブランド品サイトの買い取り金額が、そのままチャリティへの参加費用になりました。

ブランド品サイトに出した物はあまりに安価でしたので、なんとなく出した物に申し訳

ないような気持ちになり、「今頃どうしているかしら、不幸になっていないかしら」などと思いましたが、チャリティに出した物は「誰か喜んでくれたらうれしいな」と思いました。お金を払ってもらったほうが面白くなくて、払ったほうが気持ちがいいというのも不思議なものです。それでも、金額に左右されない自分の気持ちをうれしく思いました。

とにかく、クローゼットは確かにすっきりして、気持ちも明るくなりました。何もしないでなるがままに過ごしていたら、どうなってしまったのかと思うと怖くなります。この次にまた疲弊の波が押し寄せてきたら、何をするか考えておきたいと思います。

不用と思われる洋服を処分した後の明るくなった気持ちのよさに味をしめて、クローゼットの整理にも手を染める事にしました。

まず初めに、平素あまり着る事の少ない服を選び出し、ネットで見つけた〝ニトリ〟の『吊るせる圧縮袋』なる商品を購入しました。浅はかな私は、自分のあまり気乗りのしない事を始める際、気持ちを奮い立たせるために、役に立ちそうな新しいアイテムを購入する事がしばしばあります。その圧縮袋は夢のような代物で、かなりのスペースが空きました。それに気をよくした私は、夫のクローゼットにも手を付ける事にしました。

私の父は「男たるもの、自分の衣服は自分で管理するものだ」と口癖のように言っておりました。妻が面倒を見てくれない自分の哀れさを隠すためかどうかは、神のみぞ知るですが……。その都合のよい父の言葉にかこつけ、私は今まで、夫の洋服に手を出す事はあ

黒地に様々な色の水玉がプリントされたジャージー素材に、透明なスパンコールを全面にあしらった凝った素材の〝ミッソーニ〟のセットアップは、パーティーなどの時に。武相荘の豊かな緑が眺められる母屋の縁側で。

りませんでした。その惨状はご想像にお任せしますが、終わった後の達成感は素晴らしいものでした。

年齢を重ねたから似合う服もある

クローゼットの整理の際、久しぶりに目にした〝ミッソーニ〟のセットアップは、我が家に来てからかなりの年月になります。最初にショーウインドウにディスプレイしてあるのを見た時の衝撃は、今でも忘れられません。価格は忘れてしまいましたが、安サラリーマンの女房には、過ぎた価格だった記憶があります。とても無理だと思っていましたが、何故《なぜ》か売れ残り、シーズンオフが近づいたところで値引きになり、やっと手に入れる事が出来ました。最初はフルレングスのスカートでしたが、それでは夜しか着られないと思い、ミモレ丈に直してもらいました。

そんなに気に入ったセットアップでしたが、今までに三回ほどしか袖を通した事がありません。その時の三枚の写真が手許《てもと》にあり、見てみますと、そのうちの二枚はかなり以前のもので、黒い普通丈のスカートと、同じく黒のミモレ丈のスカートを合わせています。セットアップで着ている写真は一枚だけで、何故かと思いましたが、久しぶりに着てみてわかったことは、このような強く存在を主張する服は、あまり年齢が若いと負けてしまうのではないでしょうか。

最近、本屋さんに行くと、草笛光子《くさぶえみつこ》さんをはじめとした、ある程度年を重ねた方々が着こなしたファッションの本が目について、うれしくなります。皆さん、年齢を重ねた方達独特の強さで、どんな色彩やスタイルでも見事にご自分達のものにされていて、心強い限りです。

このような事から時々不思議に思うのですが、何故洋服には色彩の年齢制限がないのでしょうか。年齢を重ねた方達が明るい原色の洋服をお召しになっていると素敵ですが、着物の場合、成人式のような色彩をお召しになっていたら、びっくりしてしまうでしょう。

こうして、年を重ねた女性達が近い将来、街に溢《あふ》れていくのが楽しみです。

スパンコールが華やかに輝くから、ネックレスやイヤリングなどのアクセサリーは、あえてマットな黒を選ぶのが、桂子さんのバランス。

古いものを慈しむ事

私が東京の小石川水道町《こいしかわすいどうちょう》から、今も住んでいる町田市能ヶ谷《のうがや》に引っ越してきたのは二歳の頃でした。勿論《もちろん》その頃の記憶はまったくありませんので、物心ついた時は、既に築百年以上経った茅葺《かやぶき》屋根の家で暮らしていました。同じような茅葺屋根の家があった御殿場《ごてんば》の母の実家にも、時折母と一緒に訪れる事がありましたので、茅葺屋根の古い家というのは当たり前だと思っていました。

だんだん成長するにつれ、友達の家などを訪れると、当たり前だと思っていた茅葺屋根の家に住んでいる人達は殆《ほとん》どなく、我が家はちょっと普通と違うのかな、と思い始めたのを覚えています。両親の友人が暮らしている素敵な西洋館などを羨ましく思いましたが、その館の一切を取り仕切っている方が、「西洋館は窓にひさしがなく、雨が降り始めるとすぐに窓を閉めないと、雨が降り込んでしまうので大変ですが、日本家屋のお宅様はよろしいですね」と言われたのを聞いて、素敵に見える西洋館にも欠点はあるものなのだな、と思いました。

古いものに囲まれて育った子供時代

母は骨董店にも、私を伴って訪れる事がしばしばありました。彼女は自然と集まってきた友人のお客さん達と、次々と出てくる骨董品を前に、とても楽しそうに歓談するのが常でした。あんな汚い器や皿のどこがいいのだろう、と思って見ていましたが、今となるともっと見ておけばよかったと思います。

子供だった私には、母について骨董店へ行く楽しみがありました。何故《なぜ》ならお店の人達は私が退屈するのではないかと気を遣ってくれて、部屋のように大きな金庫の中を見せてくれたり、あんみつや鰻《うなぎ》を取り寄せてくれたりして、それは楽しいものでした。大人になってからも、鰻やあんみつ目当てに、時々図々しくお邪魔したものです。

このように子供の時から、古いものに埋もれて育ったせいか、ものの古いとか新しいとかにまったくこだわらなくなったのは、とても幸せな事でした。それによってよかった事は、こと人間に対しても、年齢やバックグラウンドにこだわらずに付き合えるようになった事で、大変幸せな事です。

すぐに人の年齢が何歳か聞きたがる人がいます。テレビなどで不躾《ぶしつけ》に人の年齢を聞いて「わー！　見えないー」などという絶叫を聞く事がしばしばありますが、見た目と実年齢が違う事が素晴らしい事なのでしょうか。

ババアの負け惜しみに聞こえるかもしれませんが、私は今まで生きてきた人生を振り返って、今が一番幸せです。そりゃ若いほうがいい事はたくさんあります。目もいいでしょうし、物忘れはしないでしょうし、皺はないでしょうし、食べても太らないでしょうし、何よりも輝いていると思える未来があります。それなのに、何故今のほうが幸せなのか考えて若い時を思い出しますと（勿論これは愚かな私だけの事で、すべての人にあてはまるわけではありませんが）、私には消してしまいたいような苦い思い出ばかりです。何故あんな事をしたのだろうとか、何故あんなことを言ったのだろうとか、あの時にもっと努力すればよかったとか、枚挙にいとまがありません。

今は若い時にした失敗を悔いて、あの失敗の山は繰り返さないと思います。輝いて見える未来はありませんが、先が短いだけに、何よりも若い時に感じられた、自分に対する漠然とした不安がありません。着るものやアクセサリーなども、失敗する事は稀になりました。

お気に入りのものはいつまでも大切に

洋服や靴もいくら古くても、気に入っている物は、いつになっても着ています。不思議な事に二、三年着て、また長い間着ない物もあります。もういいだろうと思って処分して、処分しなければよかったと思う事もしばしばです。

ワインやウィスキー、骨董など古いものが珍重されるのに、何故、洋服にはそのような評価がないのでしょうか。シーズンが終わって売れ残った衣服は、値下げの後は、なんの役目も果たすことなく廃棄されると聞きました。衣服にも心があるように思えて、聞く度

曽祖母から伝えられたというケープをまとって。十九世紀末の鹿鳴館時代の物とは思えないほど、繊細なレースやスパンコールの縫い取りが美しく残っている。下に着ているのは通販で購入したというベロアのセットアップ。武相荘のかつての納屋の二階を利用して作られた「バー&ギャラリー・ブレイファスト」にて暮れなずむ夕暮れを待ちながら……。

に悲しい気持ちになります。

以前、テレビを見ていて知ったのですが、残った新品の衣類のタグなどの出どころのわかるものを全部取り払って、〝Ｒｅｎａｍｅ〟というブランド（？）として売り出す組織が現れました。素晴らしい試みだと思って、早速ネットで見てみたところ、安くてよいものが多数出ていました。ブランドのタグが付いていないと満足出来ない方にはお勧めしませんが、自分の装いがはっきりと決まっている賢い方にはお勧めです。

曽祖母から伝わる鹿鳴館時代のケープ

私のクローゼットの奥に小さな赤い箱があります。長い間、開けた事がありませんでしたが、この原稿を書くにあたって、その箱の事を思い出し、数年ぶりに開けてみました。その中には、私のワードローブの中で一番古いと思われる衣装が入っています。それは五反田にあった修道院の、刺繡《ししゅう》が盛んなお国出身のシスター達の制作だと聞いております、小さなベビー服の一揃いです。帽子、ワンピースとボレロです。既に黄色っぽく変色していますが、繊細な刺繡が施されていて、いかにも赤ちゃんの幸せな将来を祝福してくれるようです。

また、私が現在でも時々袖を通す中で一番古い物は、写真のケープです。このケープは一八三七年生まれの薩摩《さつま》藩士であった私の曽祖父と結婚した、私の曽祖母の物です。彼女はただの薩摩藩士と結婚したつもりが、明治政府が外国との社交場として建てた鹿鳴館《ろくめいかん》に、夫と共に外国の国賓や外交官を接待するために、出入りするはめになりました。

薩摩のおなごは皆、気性が明るく、陽気で物怖じせずに、人をもてなすのが上手だったというのが母の話でしたので、多分彼女は、外国人の接待などは、お茶の子さいさいだったと思います。しかし生まれた時から着物で育った彼女の、鹿鳴館での最大の難関は洋装で、当時の洋服の下着として必ず着なければならないのが、ウエストを細く見せるためのコルセットでした。無理やり締め付けられて社交の場に出た彼女は、貧血を起こして倒れてしまう事もあったようです。勲章をたくさん付けて、立派な軍服のごときものを着ている夫の隣で、洋装にげんなりした表情を押し隠しているような写真を見た事があります。

その彼女が、さぞコルセットに苦労して着ていただろう肩の出たイブニングドレスの上に、羽織っていただろうケープです。若い時に母が私にくれてから、何度となく着て出かけていますが、その度に苦しいコルセットがなくてよかったと思います。美智子さまのご成婚の頃より、ミンクのストールが主流になりましたが、私が持っていないのは母がケチなのか、ミンクのストールが嫌いだったのか、今では知るよしもありませんが、夜のお出かけには、私は着物にもいつも曽祖母のケープでした。

私の二人の孫達も、いつの日かこのケープを肩にかけてくれると思います。

おわりに

楽しかった二年半

「ものをよく知らない人間は恐れを知らない」という意味の古くからの言葉が、日本や世界にはあるようですが、この本の出版がまさにそれに当てはまります。

父は私が子供の頃から、自分の妻があまりかまってくれないのが不満だったらしく、「お前のおふくろのような人間になるな」と言われて大きくなりました。

それゆえでしょうか、母の存命中にしばしば目にしたことがある、書斎に座り込んでの原稿書きや、雑誌などに時々掲載されていた母の写真などが父の悲しむ原因で、私にはまったく無縁のものだと思っていました。

それがこの連載と出版のお話をいただいた時には、そんな事はすっかり忘れて、ただ直観的に面白そうだと思って、お引き受けしてしまいました。

スタートを切った、ひと月に一度の撮影は、私が想像したとおり楽しいものでした。

今まで殆《ほとん》どプロのカメラマンに自分の写真を撮っていただいたことがない私は、毎月出来上がってくる写真を見る度に、今まで自分で気が付かなかった自分の欠点が、あからさまに表れてくるのには閉口しました。

そのような写真に不満で文句を言いますと、撮影隊の皆さんの意見は「そんな事はない、いい写真だ」です。多分それが真実なのでしょう。

でもそのような事ばかりではなく、反対に自分で書くのもおこがましいですが、今まで気が付かなかった長所にも気を付かせてくれました。

何よりよかったと思うのは、長いようであっという間であった自分の今までの人生を、振り返って見られた事です。

最後に私の人生にとって楽しく貴重な時を共に過ごして下さった、カメラのかよちゃん、エディターのじゅんちゃん、メイクのゆきち、ロケバスの高田さん、かよちゃんの助手ののりさん、以上の方々に心からのお礼と感謝の気持ちをお伝えしたいと思います。

牧山桂子

Makiyama Katsurako

1940（昭和15）年、白洲次郎・正子夫妻の長女として
東京に生まれる。2001年10月、白洲夫妻が暮らした
東京都町田市能ヶ谷《のうがや》の自宅を「旧白洲邸 武相荘」として公開。
著書に『次郎と正子 娘が語る素顔の白洲家』（新潮社）、
『武相荘のひとりごと』（世界文化社）などがある。

旧白洲邸 武相荘

Buaiso

現在の東京都町田市能ヶ谷《のうがや》（旧南多摩郡鶴川村）の
茅葺《かやぶき》屋根の農家に、白洲《しらす》次郎《じろう》・正子《まさこ》夫妻が
引っ越してきたのは、1943（昭和18）年のこと。
家族の間では「鶴川の家」と呼ばれていたこの家は、
旧武蔵国《むさしのくに》と相模国《さがみのくに》の境にあったことから、
武相荘（=ぶあいそう）と、次郎独特のユーモアで
名付けられたといいます。著者がこの鶴川の家に
住み始めたのは、ちょうど2歳の時。
以来、茅葺の家はそのままに、夫妻が自らの美意識で手を加え、
正子が手ずから置いた調度も、次郎が自作した家具も、
変わらず、そこに置かれています。
白洲家が暮らした母屋は、現在はミュージアムとして、
四季折々の正子の遺愛の品が展示され、
戦後史を物語る次郎の貴重な資料も置かれています。
家族のダイニングであった食堂はレストランとなり、
当時から緑豊かだった庭は、
2000坪の敷地を巡る散策路として整えられました。
白洲次郎・正子のまさに「終《つい》の棲家《すみか》」だった武相荘は、
著者・牧山《まきやま》桂《かつら》子《こ》、夫君・牧山圭男《まきやまよしお》の丹精で
今なお武蔵野の自然に守られ、多くの来訪者を迎えているのです。

〒195-0053
東京都町田市能ヶ谷7-3-2
TEL　042-735-5732
https://buaiso.com/

旧白洲邸　武相荘

写真／篠原宏明

撮影　浅井佳代子
ヘア&メイク　福沢京子
着付け　藤本麻里
ブックデザイン　金田一亜弥（金田一デザイン）

販売　根來大策
制作　太田真由美
資材　斉藤陽子
宣伝　一坪泰博
編集　吉川 純

本書は、小学館『Precious』2019年5月号から
2021年9月号まで連載された
『牧山桂子の女のたしなみ・身だしなみ』をもとに、
加筆、再構成したものです。

白洲次郎・正子の長女がつづる
「装いのプリンシプル」
武相荘、おしゃれ語り

2021年11月1日　初版第1刷発行
2022年3月21日　第5刷発行

著者　牧山桂子
発行人　小坂眞吾
発行所　株式会社小学館
〒101-8001　東京都千代田区一ツ橋2-3-1
編集　03-3230-5118
販売　03-5281-3555

印刷所　凸版印刷株式会社
製本所　牧製本印刷株式会社

ISBN978-4-09-388838-7